Alfred Grosser

VON AUSCHWITZ NACH JERUSALEM

Über Deutschland
und Israel

Rowohlt

1. Auflage September 2009
Copyright © 2009 by Rowohlt Verlag GmbH,
Reinbek bei Hamburg
Alle Rechte vorbehalten
Satz aus der Sabon PostScript
bei hanseatenSatz-bremen, Bremen
Druck und Bindung CPI – Clausen & Bosse, Leck
Printed in Germany
ISBN 978 3 498 02515 1

Inhalt

7   Einleitung

17   Identitäten, «kollektive» und schöpferische Erinnerung

43   Die Schuldfrage

71   Vergleichen

89   Der vereinfachte Feind: der Islam

103   Schwieriges Israel

145   Deutschland, Israel, Juden und Muslime

197   Ausblick: der Andere

Einleitung

In diesem Buch geht es um ein Thema, bei dem man zunächst klarstellen muss, wer schreibt und warum. Denn gegen Kritik an der Politik des Staates Israel werden immer wieder gravierende Vorwürfe erhoben: Sie bediene antisemitische Klischees oder sei sogar selbst Ausdruck von Antisemitismus. Und sollte der Kritiker, wie in meinem Fall, Jude sein, so muss er sich den berühmten jüdischen Selbsthass unterstellen lassen.

In einer Zuschrift, die die *Frankfurter Allgemeine Zeitung* veröffentlicht hat, erwiderte ich daraufhin: «Ich habe seit vielen Jahrzehnten das ständige Glück, glücklich zu sein. In der Familie und im vielseitigen Beruf. Aber gerade weil ich fast immer in Glück und Freude gelebt habe, habe ich mir seit jungen Jahren die Pflicht auferlegt, mich so gut es ging um Unglückliche zu kümmern, was nun deren Identität auch sein mochte. Selbsthass? ‹Du sollst den Nächsten lieben wie dich selbst› – oft habe ich den Eindruck, ich liebte mich zu sehr!»

Im Ernst: Wahrscheinlich würde ich anders schreiben, wenn ich wirklich das Schlimmste durchgemacht hätte, die Folter, die Deportation, die KZs. Wahrscheinlich, aber nicht sicher. Es wird noch von Frauen und Männern die Rede sein, denen es auch nach unendlichem Leiden gelang, ein freudiges Leben zu führen, indem sie sich schöpferisch einsetzten.

Als ich 1933 im Alter von acht Jahren mit meiner Familie nach

Frankreich emigrierte, hinterließ das bei mir keinen tiefen inneren Riss. Das lag nicht daran, dass ich meine Heimatstadt Frankfurt hätte aus eigenem Antrieb verlassen wollen, nachdem ich als kleines Judenkind von Klassenkameraden auf dem Schulhof verprügelt worden war – dieses Erlebnis hat wirklich keine geistigen Spuren hinterlassen. Der Grund war ganz einfach, dass man als Kind noch keine Wurzeln geschlagen hat, außer in der Familie.

Leider starb mein Vater wenige Wochen nach unserer Ankunft in Saint Germain en Laye bei Paris. Später erhielt meine Mutter von der Bundesrepublik nur eine winzige Rente, weil sie nicht beweisen konnte, dass das Herzversagen des 54-Jährigen etwas mit der Emigration zu tun gehabt hatte.

Aus Frankfurt habe ich ein Buch mitgebracht, das ich noch heute von Zeit zu Zeit lese. Es heißt *Der Schädel des Negerhäuptlings Makaua. Kriegsroman für die junge Generation* und beruht auf einer wahren Begebenheit. Kaiserliche Truppen hatten dem Anführer eines Kolonialaufstandes den Kopf abgeschlagen und mit nach Deutschland genommen; Artikel 246 des Versailler Vertrages forderte seine Rückgabe. Der Roman spielt im Ersten Weltkrieg und benutzt den Schädel für ein Gleichnis, das alle Motive, deretwegen Menschen in den Krieg ziehen, ad absurdum führt.

Eine Stelle war bei Erscheinen des Werks 1931 weitgehend prophetisch. Der junge polnische Held begleitet einen jüdischen Unteroffizier, im Zivilleben Rechtsanwalt, ins kleine Geschäft eines alten polnischen Juden, wo sie für das Regiment einkaufen wollen. Als der Alte dem Kunden vorwirft, eine Uniform zu tragen, entgegnet dieser: «Ich will nicht, dass man sagt, die Juden seien feig.»

Darauf der Alte: «Ihr Deitschen werden kämpfen und siegen und zum Schluss ihr haben verloren ... Was meinste würden dann sagen die Großmächtigen in Deutschland? Sie werden sagen: Jetzt machen wir ä neuer Krieg, ä Krieg der nix kostet und einbringt Geld, jetzt machen wir Krieg gegen die Juden. Gegen die Juden im Land. Und dann werden se Krieg machen gegen dich und all deine

Leut und zerstören dein Haus und erschlagen dein Weib. Und das wird sein ihr Dank, dass du hast getragen den blutigen Rock.»

Ich wusste, dass mein Vater vier Jahre lang an der «Westfront» in Frankreich als Stabsarzt eingesetzt gewesen und mit dem Eisernen Kreuz 1. Klasse ausgezeichnet worden war. Dass später Juden massenweise ermordet werden sollten, ahnte ich damals freilich nicht.

Wir integrierten uns rasch in unsere neue Heimat, und schon am 1. Oktober 1937 erhielten meine Mutter und wir zwei Kinder die französische Staatsbürgerschaft. Als die Wehrmacht im Juni 1940 auf Paris zumarschierte, flohen meine drei Jahre ältere Schwester und ich per Fahrrad nach Süden. Meine Mutter blieb bei ihrer achtzigjährigen Mutter, die 1938 aus Frankfurt zu uns gekommen war und im Krankenhaus lag. Dort starb sie Ende Juli, sodass unsere Mutter hinterherkommen konnte und uns in Südfrankreich wiederfand. Meine Schwester hatte sich jedoch durch das Radfahren während ihrer Regel eine Blutvergiftung zugezogen, die ihren Tod im April 1941 verursachte.

In der zunächst unbesetzten, dann von den Italienern eher wohlwollend besetzten Provence ließ es sich einigermaßen normal leben. Im September 1943 verschwanden meine Mutter und ich, bevor die Deutschen eintrafen – sie in ein Kinderheim in Cannes, ich nach Marseille, wo ich mit falschen Papieren an einer katholischen Schule unterrichtete. Ich gestehe, dass ich erst lange Jahre danach erkannt und anerkannt habe, welches enorme Risiko der Direktor auf sich genommen hatte. (Er allein wusste, dass der neunzehnjährige Lehrer Jude war.)

Es war in Marseille, als ich eines Abends im August 1944 durch eine Sendung der BBC erfuhr, dass die älteren Insassen des Lagers Theresienstadt nach Auschwitz abtransportiert worden seien. Darunter waren wahrscheinlich die Schwester meines Vaters und ihr Mann, ein Berliner Arzt, der nicht hatte auswandern wollen. (Viele Jahre später berichtete mir eine Frankfurter Forscherin, dass ihre

Namen in der Tat auf der Liste einer der letzten Transporte stehen). Ich hatte als Kind einige Wochen bei Tante Ida und Onkel Kurt verbracht.

Der Schlag war hart. Ich habe in dieser Nacht wenig geschlafen. Am nächsten Morgen war ich sicher, endgültig sicher, dass es keine Kollektivschuld gibt, seien die Verbrechen noch so groß und die Verbrecher und ihre Mittäter noch so zahlreich. Warum ich der Versuchung widerstand, «DIE Deutschen» zu denken und zu sagen, möchte ich im folgenden Kapitel erläutern.

Jedenfalls wurde ich bald in meiner Auffassung bestätigt. Nachdem Marseille von amerikanischen Truppen befreit worden war, besuchte ich einen Freund im Krankenhaus, der einen Granatsplitter in der Leber hatte und nach einigen Tagen großen Leidens verschied. Im Nebenbett erholte sich ein achtzehnjähriger deutscher Soldat von einer Verwundung, mit ihm unterhielt ich mich während der langen Besuche öfters. So, wie ich Deutsch sprach, glaubte er zunächst, ich könnte nur ein Deutscher sein. Dann machte ich jedoch Fehler, zum Beispiel, indem ich – wie in England und Frankreich üblich – «Siegfriedlinie» anstatt «Westwall» sagte.

Ich stellte ihm mehr Fragen, als er mir stellte. Es war klar, dass er wenig wusste und ein gläubiger Hitlerjunge gewesen war; als Soldat hatte er darauf vertraut, dass die Wehrmacht den Krieg ritterlich führe. An diesem Krankenbett dürfte ich zu der Überzeugung gelangt sein, dass ich mitverantwortlich sei für seine Zukunft und für die seiner deutschen Altersgenossen.

Wenn ich später den Film *Der Untergang* vorstellte – für Lehrer, Schüler oder ein allgemeines Publikum –, habe ich jedes Mal auf die sieben oder acht Pimpfe hingewiesen, die kurz vor dem Schluss von Hitler mit dem Eisernen Kreuz behängt wurden, und gesagt: «Diese Jungen dort zur pluralistischen Demokratie zu führen war unsere deutsch-französische Nachkriegsaufgabe, in gemeinsamer Verantwortung.»

Diese Auffassung hatte ich bereits im Oktober 1947 zum Ausdruck gebracht, am Ende einer Artikelreihe über Jugend in Deutschland, die in der Widerstandszeitung *Combat* erschien. Zuvor war ich als junger *agrégé de l'Université* (Studienrat) und Journalist zum ersten Mal wieder durch meine alte Heimat gereist und sechs Wochen lang in den drei Westzonen unterwegs gewesen. In Frankfurt hatte mich der Oberbürgermeister freundlich empfangen. Walter Kolb war Insasse des KZ Buchenwald gewesen. Wie recht hatte ich doch, die Kollektivschuld abzulehnen!

Im folgenden Jahr verbrachte ich einen Tag auf dem Höllhof. So hieß ein Haus im Schwarzwald, in dem ein weitsichtiger französischer Besatzungsbeamter eine Art Ausbildungsstätte für ehemalige HJ-Führer eingerichtet hatte. Drei Wochen lang wurden Dutzende junger Männer, die nicht durch Verbrechen persönlich belastet waren, mit Menschen in Kontakt gebracht, die ihnen früher wohl eher als Feindbilder begegnet waren: Gewerkschafter, Widerstandskämpfer, demokratische Politiker und Ausländer. Diplome gab es am Schluss keine. Der Sinn der Sache war, ihre Ignoranz aufzubrechen, sie dadurch von ihrem alten Nationalismus zu kurieren und vor einem neuem zu bewahren.

Zu Beginn hatte ich ein ungutes Gefühl. Wenn einer von ihnen vor wenigen Jahren den Befehl bekommen hätte, mich in eine Gaskammer zu schieben, so hätte er es getan. Aber in den Diskussionen zeigten die jungen Männer Wissbegierde und die Bereitschaft, über ihre Wertvorstellungen nachzudenken. Ein halbes Jahrhundert später durfte ich zusammen mit dem Bundestagsabgeordneten des örtlichen Wahlkreises, Wolfgang Schäuble, die Gründung des Höllhofs mitfeiern. Ich fühlte mich berechtigt, darauf hinzuweisen, dass kaum einer der Kursteilnehmer später den Republikanern oder der NPD beigetreten sei.

Es hatte sich also herausgestellt, dass eine Erziehung zum Fanatismus nicht notwendigerweise einen unüberwindbaren Fanatismus erzeugt. Das zeigt ja auch der Aufstand von 1956 und noch mehr der von 1968. Die jungen Ungarn, die sich damals im Namen der Freiheit erhoben, hatten ein Jahrzehnt Indoktrinierung hinter sich, die jungen Tschechen sogar zwölf Jahre mehr.

Bei den ehemaligen HJ-Führern in Höllhof ging es gleichermaßen um die Vermittlung von Wissen wie um die Herausbildung eines Gewissens. Man könnte auch sagen, sie sollten eine Definition anwenden lernen, die ich gern gebrauche: *penser juste, c'est penser avec justesse et avec justice* (Richtig denken heißt zugleich mit – logischer – Richtigkeit und mit Gerechtigkeit). Doch was heißt gerecht? Und wie verhält man sich entsprechend? Das ist oft schwer zu bestimmen, aber zwei Wege stehen offen. Den einen hat Bundespräsident Roman Herzog angesprochen, als er bei der Verleihung des Friedenspreises des Deutschen Buchhandels 1995 seine schöne Laudatio auf die Orientalistin Annemarie Schimmel hielt: die «Suche nach einem kulturübergreifenden ethischen Minimum.»

Diese Suche bestimmt weitgehend den Inhalt dieses Buches. Sie sollte in meinen Augen immer verbunden sein mit dem zweiten Weg: Jeder Gruppe Unbequemes zu sagen, damit sie sich auch mit den Augen der Anderen betrachte.

Anfang September 1989 habe ich zwei Reden zum fünfzigsten Jahrestag des Kriegsbeginns gehalten, eine davon in einer Kölner katholischen Kirche. Ich sprach ausführlich über den Verrat, den der Vatikan durch das Konkordat im Juli 1933 an der Zentrumspartei begangen hatte, und überhaupt darüber, wie sich die meisten deutschen Kirchenfürsten den neuen Machthabern unterworfen hatten – und sei es nur, indem sie sofort das Verbot aufhoben, der Nazi-Partei beizutreten.

Am nächsten Tag sprach ich auf einer DGB-Kundgebung in der Dortmunder Westfalenhalle. Dort erklärte ich, wie der Allgemeine Gewerkschaftsbund versucht hatte, sich zu retten, indem er am 1. Mai 1933, nun «Tag der nationalen Arbeit», mitmarschierte, was nicht verhinderte, dass am 2. Mai die Gewerkschaftshäuser geschlossen und Gewerkschaftsführer verhaftet wurden. Hätte ich für die Katholiken die Gewerkschaften gebrandmarkt und bei den Gewerkschaften die katholische Kirche, so hätte ich als Demagoge gesprochen, nicht als Pädagoge. (Ich scheue nicht davor zurück, mich so zu bezeichnen. Einmal sollte sich bei einem Karl-Jaspers-Kolloquium in Heidelberg jeder Teilnehmer vorstellen – als Philosoph, als Soziologe, als Politologe, als Theologe oder als Historiker. Lächelnd wurde ich gefragt, was ich nun eigentlich sei. Ich antwortete: «Moralpädagoge.»)

In meiner Dankrede für den Friedenspreis 1975 hatte ich hart gegen den «Radikalenerlass» gesprochen. Er wurde vor allem gegen Linke angewandt, die im öffentlichen Dienst arbeiten wollten. Kurz darauf folgte ich einer Einladung, an einer Kundgebung für einen davon betroffenen Lehrer im Münchener Löwenbräukeller teilzunehmen. Die Kritik der Vorredner, unter ihnen Walter Jens, an der Bundsrepublik war so maßlos, dass aus meinem Beitrag eine Verteidigungsrede der Bonner Demokratie wurde. Ich warf ihr lediglich vor, durch die «Berufsverbote» ihre eigenen Prinzipien zu verletzen und sich geistig der DDR zu nähern.

Am 6. Mai 2008 erhielt ich eine Anfrage aus Frankfurt: Ob ich ein Grußwort schicken könnte für eine Gedenkveranstaltung zur *Nakba*. So lautet die arabische Bezeichnung für die Vertreibung von Palästinensern bei der Gründung des Staates Israel 1948. Ausrichter waren die Christus-Immanuel-Gemeinde und die Palästinensische Gemeinde Hessen. Im Schreiben wurde beteuert: «Keine Demonstration oder Kundgebung gegen Israel.» Ich schickte einen kurzen Text, in dem ich am Schluss sagte, «Freund Israels zu sein, sollte heißen, die harte Wahrheit zu sagen – so, wie sie auch auf Ihrer Frankfurter Veranstaltung in Erscheinung treten wird».

Da ich aber die palästinensische Forderung nach einem Rückkehrrecht für alle Flüchtlinge ablehnte, so wie ich es für den deutschen Bund der Vertriebenen immer getan hatte, bekam ich die Antwort: «Ihr Grußwort hat uns sehr enttäuscht», ob ich es nicht umgestalten könne. Ich entgegnete: «Ich bin nicht gewohnt, mir meine Einstellungen diktieren zu lassen. Also ohne Grußwort.»

Natürlich kann man eine sachliche, wenn auch warme Aufklärungsarbeit nicht losgelöst vom richtigen Zeitpunkt leisten. In manchen Fällen muss es zunächst Sieger und Besiegte geben. Das Verständnis für die jungen Pimpfe oder HJ-Leute war erst nach dem Sturz des Nationalsozialismus angebracht. Ein anderes Beispiel: In Algier putschten 1961 Generäle der französischen Armee gegen Staatspräsident de Gaulle, weil dieser seinen Widerstand gegen die Unabhängigkeit Algeriens aufgegeben hatte. Nach ihrer Niederlage schrieb ich in einer meiner Kolumnen für die katholischen Tageszeitung *La Croix*, man solle Verständnis für sie zeigen: Immerhin waren sie von ihrem Staatschef belogen worden und nun gezwungen, jene algerischen Moslems, die auf Frankreich gesetzt hatten, den Unabhängigkeitskämpfern auszuliefern – und damit einem furchtbaren Schicksal.

Obwohl der Algerienkrieg (1954–1962) auch von der anderen Seite äußerst brutal geführt wurde, prangerte ich eher die Mängel, die Widersprüche, die Verbrechen der französischen Seite an. Schließlich handelte es sich ja, da ich ein echter Franzose bin, um die Meinen. Sollte man sich nicht verletzt fühlen, wenn die Seinen gegen die Grundwerte handeln, auf die sie sich im Prinzip berufen?

Die Meinen – der Ausdruck ist nur sinnvoll, sofern man einigermaßen geklärt hat, was die eigene Identität ausmacht, wem man sich überhaupt zugehörig fühlt. Die Meinen: Das sind sicherlich Frau, Söhne und Enkelkinder. Auch Frankreich. Das Europa der EU? Gewiss. Inwiefern die jüdische Identität mitspielt, darauf werde ich noch eingehen. Und Deutschland? Seit nun mehr als sechs Jahrzehnten fühle ich mich mitverantwortlich, möchte, darf und kann ich hierzulande mitwirken. Als Begleiter von außen, der innen dabei ist und mit Teilnahme teilnimmt.

Nicht weniger, aber auch nicht mehr. So möchte ich auch dieses Buch verstanden wissen.

Aber weil ich eben Franzose bin und auch in Frankreich ein wenig mitwirken darf, werde ich oft vergleichend schreiben. Was ich in Deutschland sehe, aus Deutschland vernehme – ist das nur deutsch, spezifisch deutsch, oder sind nicht die Ähnlichkeiten mit Frankreich größer als die Unterschiede? Die Antwort wird manchmal in die eine Richtung gehen, manchmal in die andere. Der Vergleich bietet sich unter anderem an beim Umgang mit der Vergangenheit und deren Auswirkungen auf die Gegenwart, beim Verhältnis zum Islam, der Rolle der Kirchen sowie bei der Definition von Antisemitismus, die entweder vernünftig oder polemisch ausfallen kann.

Meinerseits möchte ich auf keinem Gebiet polemisch werden. Der Sinn der Sache ist es, gemeinsam mit dem Leser nachzudenken, zu analysieren, zu urteilen und vor allem aktuelle Kontroversen in eine erweiterte Betrachtung einzubetten.

Identitäten, «kollektive» und schöpferische Erinnerung

Man sollte niemals *die* sagen. Die Deutschen, die Araber, die Franzosen, die Frauen, die Juden, die Arbeiter, die Berliner, die Christen ... Das lässt sich an einem bekannten Paradoxon aus der Antike verdeutlichen: «Epimenides sagt, alle Kreter seien Lügner, aber Epimenides ist Kreter, also lügt er, also sind die Kreter keine Lügner, also sagt er die Wahrheit und alle Kreter sind Lügner, aber er ist Kreter, also lügt er, also sind die Kreter keine Lügner, usw. usw.» Was stimmt da nicht? Nicht *alle* bedeutet nicht notwendigerweise *keiner*, sondern kann auch heißen *die einen ja, die anderen nein*. Ebenso wie die Verneinung von *immer* nicht *nie* sein muss, sondern auch *manchmal so, manchmal anders* sein kann. Wenn man das eingesehen hat, ist man einen großen Schritt weiter – sowohl was das wissenschaftliche Denken betrifft als auch hinsichtlich einer Moral der Toleranz.

Jeder von uns hat eine Vielfalt von Identitäten, eine Menge von Zugehörigkeiten. Ich bin ein Mann und keine Frau. Das verschafft mir sowohl in der deutschen als auch in der französischen Gesellschaft immer noch manche unverdienten Vorteile. Nicht mehr so viele wie vor einigen Jahrzehnten, nicht so viele wie in den islamischen Staaten zwar, doch auch in der katholischen Kirche, in der Synagoge, im Lohn- und Gehaltssystem kann von Gleichberechtigung keine Rede sein. Volle Verwirklichung des Gleichheitsprinzips, wie es das Zweite Vatikanische Konzil in dem schönen Text

Gaudium et spes dargestellt hat, hieße, dass eine schwarze Frau Papst werden könnte!

Auch im Umgang mit tragischen Ereignissen wird noch dem Mann der Vorrang gegeben. General Bastian hat vor einigen Jahren seine Lebensgefährtin Petra Kelly getötet, dann sich selbst. Obwohl sie nie die geringste Lust zum Sterben gezeigt hatte, war danach von «doppeltem Selbstmord» die Rede. Wenn sie ihn zuerst getötet hätte, wäre sie als Mörderin betrachtet worden. Generell scheint Sigmund Freuds Erklärung der Geschlechterdifferenzen immer noch weit verbreitet: Die Frau fühle sich unterlegen, weil sie keinen Penis hat. Meinerseits sage ich stets, mein Tatendrang ist vielleicht nur eine unbewusste Umsetzung des Mangels, dass ich kein Kind zur Welt bringen kann.

Ich bin alt und nicht jung. Da meine vier Söhne für mein Ruhestandsgeld arbeiten, habe ich deswegen kein ungutes Gefühl. Meine kinderlosen Kollegen sollten ein solches haben. Ich war als Professor Beamter. Das gibt mir eine andere Identität als die eines Arbeitslosen oder von jemandem, der arbeitslos werden kann. Ich bin Pariser, und das verschafft mir hundertmal mehr Zugänge zu Kulturgütern, als wenn ich in Mittelfrankreich auf dem Dorf leben würde. Ich war Radfahrer und Autofahrer. In der einen Identität verfluchte ich die Autofahrer, in der anderen die Radfahrer: ein typisches Beispiel von Identitätskonflikten!

Ich bin Franzose, was verschiedene Bedeutungen hat. So neige ich in mindestens zwei Hinsichten zur Selbstüberschätzung. Es gibt einen bösen, nicht ungerechtfertigten belgischen Witz, der auf alle dummen französischen *blagues belges* (Belgierwitze, zu vergleichen mit den deutschen Ostfriesenwitzen) reagiert: «Wie verdient man am leichtesten viel Geld? Indem man Franzosen zu dem Preis kauft, den sie wert sind, und sie dann zu dem Preis verkauft, den sie glauben wert zu sein».

Dieses Gefühl, einer besonders privilegierten Nation anzugehören, ließe sich durch jede Menge Zitate illustrieren. «Unsere

Ziele, weil sie französisch sind, liegen im Interesse aller Menschen» (de Gaulle). «Dieser undefinierbare Genius, der Frankreich erlaubt, die tiefen Bedürfnisse des menschlichen Geistes zu konzipieren und auszudrücken.» (François Mitterrand). «Die Biologie des französischen Volkes macht aus ihm eine besondere Gruppe, dazu bestimmt, eine Elite für die Welt zu werden» (Valéry Giscard d'Estaing). «Frankreich muss die Rolle Europas spielen» (nicht: «eine Rolle in Europa»; Georges Pompidou als Premierminister).

Gegen solche Überheblichkeiten kämpfe ich ständig in Wort und Schrift, und sei es nur, um zu zeigen, dass nicht alle Franzosen überheblich sind. Und doch bin ich es in der zweiten Hinsicht: Ich bin ein Kind der Immigration, wie beispielsweise der ehemalige Präsident der Nationalversammlung Raymond Forni, Kind nach Frankreich geflüchteter italienischer Kommunisten, oder wie Nicolas Sarkozy. Dieser sagte vor einigen Jahren in einer Fernsehdiskussion mit Jean-Marie Le Pen: «Wenn es nach Ihnen gehen würde, wäre ich gar kein Franzose» (er wäre Ungar). Kleine Pause. «Welch Verlust wäre das für Frankreich!» Dasselbe sage ich auch von mir seit Jahrzehnten!

In Deutschland denkt man über die Zugehörigkeit zur Nation traditionell anders. In einem Interview mit dem *Stern* wurde Wolfgang Schäuble gefragt: «Kann ein Türke deutscher Kanzler werden?» Der Minister antwortete: «Sie meinen ein Deutscher mit türkischem Ursprung? Natürlich ja.» Diese Antwort entspricht französischen Normen. In Deutschland ist man ansonsten eher ein Türke mit deutschem Pass. Die Kehrseite der französischen Auffassung wird noch eingehend zu behandeln sein: Eben weil sie Franzosen sind, fühlen sich die jungen Leute nordafrikanischen Ursprungs, die in den Pariser Vorstädten arbeitslos und ohne Perspektive leben müssen, noch mehr diskriminiert, als wenn sie Ausländer wären.

Man kann sich zwischen widersprechenden Identitäten innerlich zerrissen fühlen, wie etwa Albert Camus. In seiner Dankrede zum Literatur-Nobelpreis 1957 betonte er, dass zum ersten Mal ein *algerischer* Schriftsteller in Stockholm ausgezeichnet würde. Wie viele andere empfand er sich zugleich als Algerier und als Franzose. In den letzten Jahren des Algerienkrieges schwieg er, weil die Gemäßigten beider Lager immer mehr von den Unnachgiebigen zurückgedrängt und oft gnadenlos ermordet wurden. Er selbst hatte versucht, einen aufbauenden Dialog zwischen den Vernünftigen unter Anhängern und Gegnern der Unabhängigkeit herzustellen.

Mein Lieblingsphilosoph ist Emmanuel Levinas, als jüdischer Litauer 1905 in Kaunas geboren, 1923 nach Straßburg ausgewandert, 1995 in Paris verstorben. Mehr als jeder Andere hat er seine Philosophie auf die Anerkennung des Anderen aufgebaut. Er schrieb, jeder solle sich von seinem Inneren aus selber definieren; denn «die Identität eines Individuums besteht nicht darin, sich von außen identifizieren zu lassen durch den Finger, der auf ihn zeigt.»

Das habe ich mir zu eigen gemacht. Mein Vater war ein in Frankfurt heimisch gewordener Berliner, Kinderarzt und Direktor einer Kinderklinik, Außerordentlicher Professor an der Universität, Freimaurer (in der Loge «Zur aufgehenden Morgenröthe», der Ludwig Börne angehört hatte), SPD- und DDP-Wähler, Vater, Gatte, Kriegsteilnehmer als Stabsarzt, im Felde von Anfang bis zum Ende des Weltkriegs, Träger des Eisernen Kreuzes Erster Klasse und «israelitischer Konfession», wie es damals hieß. Zwar war er Mitglied der jüdischen Gemeinde, aber ein wenig praktizierendes; bei uns zu Hause wurde lediglich Hanukka gefeiert. Hitlers Zeigefinger reduzierte alle seine Identitäten, alle seine Zugehörigkeiten auf sein Judentum. Ich habe nie eingesehen, warum sein Sohn sich seine zentrale, seine alles bestimmende Identität von dem Finger Hitlers auferlegen lassen sollte.

Das bedeutet nicht, dass ich den jüdischen Teil meiner Identität verleugnen würde, ich grenze ihn jedoch ein. Auf mein Judentum beziehe mich allerdings, wenn es um die «Schuldfrage» geht. Davon wird noch die Rede sein. Ich sage: «Ich war nicht gegen Hitler. Hitler war gegen mich. Als Jude hatte ich gar keine Wahl. Deswegen bin ich gewiss zornig auf die Verbrecher und auf die wissenden großen Mitläufer, und voller Bewunderung für alle, die in irgendeiner Form widerstanden haben. Ich tendiere aber auch zur Nachsicht gegenüber den Kleinen. Denn ich habe mir ständig die Frage gestellt: Wie mutig wäre ich gewesen, um mich für verfolgte Andere einzusetzen?»

Die vom Finger zugewiesenen Identitäten können langlebig sein, sowohl in der Selbstwahrnehmung wie in der Fremdwahrnehmung. Wenn ich in Baden-Württemberg spreche oder im dem katholischen Bayern eingegliederten Franken, so stelle ich stets die ironische Frage, wieso man sich als Protestant oder als Katholik identifiziert, nur weil vor vier Jahrhunderten ein Fürst seinen Untertanen auferlegt hat, seiner Konfession anzugehören.

Umgekehrt ist in Frankreich ist die Bezeichnung *Preuße* immer noch negativ belegt. Der «Erbfeind» war eigentlich nicht Deutschland, sondern Preußen. In der ersten großen Anweisung, die die französische Regierung 1945 an die Besatzungsbehörde in Baden-Baden geschickt hat, wird von der Notwendigkeit, den *prussianisme* auszumerzen, mindestens ebenso eindringlich gesprochen wie vom Nationalsozialismus. Noch 1961 sagte mir General de Gaulle während eines Gesprächs im Élysée-Palast: «Vous et moi, nous savons bien que, de l'autre côté, c'est la Prusse!» (Wir beide wissen doch, dass auf der anderen Seite Preußen liegt!) Dass die bösen Preußen Kommunisten geworden waren, was war natürlicher? Wenn es die guten Bayern oder die guten Rheinländer gewesen wären, so hätte man erstaunt sein dürfen.

Einmal von außen auf eine bestimmte Identität festgelegt, läuft man Gefahr, sich genau so zu benehmen, so zu zeigen, wie es gewissermaßen der herabsetzende Finger behauptet. Das berühmteste Beispiel dafür ist die Figur des jüdischen Geldverleihers Shylock in Shakespeares «Der Kaufmann von Venedig». Ich hatte Tränen in den Augen, als der große Schauspieler Daniel Sorano den so oft missverstandenen Monolog des Shylock mit warmer Bitterkeit sprach:

»Ich bin ein Jude. Hat nicht ein Jude Augen? Hat nicht ein Jude Hände, Gliedmaßen, Werkzeuge, Sinne, Neigungen, Leidenschaften? Mit derselben Speise genährt, mit denselben Waffen verletzt, denselben Krankheiten unterworfen, mit denselben Mitteln geheilt, gewärmt und gekältet von eben dem Winter und Sommer als ein Christ? Wenn ihr uns stecht, bluten wir nicht? Wenn ihr uns kitzelt, lachen wir nicht? Wenn ihr uns vergiftet, sterben wir nicht? Und wenn ihr uns beleidigt, sollen wir uns nicht rächen? Sind wir euch in allen Dingen ähnlich, so wollen wir's euch auch darin gleichtun.»

Seit der Mitte des 20. Jahrhunderts gibt es ein neues Werkzeug der Identitätszuweisung, nämlich die sogenannten demoskopischen Umfragen. Die Fragestellung bestätigt oder schafft Vorurteile, die dann die Antworten bestimmen. Zur Zeit des bundesdeutschen Wahlkampfes 1953 wurde die Frage gestellt: «Darf ein ehemaliger Emigrant Kanzler werden?» Die Antwort fiel leider negativ aus. Bei einer anderen Befragung jedoch keineswegs: «Darf Erich Ollenhauer, ein ehemaliger Emigrant, Kanzler werden?» Adenauers Gegenkandidat wurde hier also vom Finger nur begrenzt stigmatisiert.

Im April 1986 beschlossen die USA, den libyschen Staatschef Gaddafi zu bestrafen. Drei Meinungsforschungsinstitute befragten jeweils einen repräsentativen Ausschnitt der Bevölkerung und bekamen anscheinend ganz unterschiedliche Antworten. Bei näherer Betrachtung sah man jedoch, dass der Finger auf drei verschiedene Identitäten hingewiesen hatte. Das erste Institut hatte gefragt: «Sie wissen, dass die amerikanische Luftwaffe die libyschen Städte Tripolis und Benghasi bombardiert hat. Billigen Sie diese Handlung oder nicht?» 31 % der Befragten antworteten mit ja, 43 % mit nein. Das zweite Institut griff zu einer anderen Formulierung: «Billigen Sie die amerikanische Intervention gegen Gaddafi oder nicht?» Ja: 59 %, nein: 35 %. Städte wollte man nicht bombardiert sehen, aber eine Strafe für den unbeliebten Diktator wurde begrüßt.

Die Frage des dritten Instituts liegt dazwischen: «Billigen Sie die amerikanische Bombardierung Libyens oder nicht?» Entsprechend fiel die Antwort aus: 39 % ja, gegenüber 40 % nein! Drei verschiedene Identifikationen führten zu drei verschiedenen Antworten. Fazit: Wie vorsichtig sollte man doch mit Umfragen umgehen! Und wie genau sollte man deren Fragen analysieren!

Noch schlimmer ist es, wenn eine Umfrage absichtlich missbraucht wird. Im Jahr 1990 war *Le Monde*, ohne es klar zu sagen, gegen eine Präsidentschaftskandidatur des ehemaligen sozialistischen Premierministers Laurent Fabius. Dass Fabius Jude ist, war bekannt. Die Zeitung titelte «Laut einer Umfrage: BEINAHE JEDER ZEHNTE FRANZOSE WÄRE GEGEN DIE WAHL EINES JUDEN INS ÉLYSEÉ.» Es hätte doch heißen sollen: «Mehr als 90 % der Franzosen haben nichts gegen Juden als Präsidenten»!

Immigranten bekommen besonders häufig eine bestimmte Identität zugewiesen. Dabei werden zwischen einzelnen Gruppen Unterschiede gemacht, die eine positive oder negative Kennzeichnung bewirken. So schrieb General de Gaulle zum Beispiel im Juni 1945 als vorläufiger Staats- und Regierungschef an den Justizminister, er solle Einbürgerungen «nach ethnischen, demographischen, beruflichen und geographischen Kriterien durchführen … Auf der ethnischen Ebene ist es zweckmäßig, den Andrang von jenseits des Mittelmeers und von Menschen aus dem Orient zu begrenzen, die seit einem halben Jahrhundert die Zusammensetzung der französischen Bevölkerung tief verändert haben. Es ist wünschenswert, bevorzugt Menschen aus dem Norden einzubürgern (Belgier, Luxemburger, Schweizer, Holländer, Dänen, Deutsche).» Deutsche – einen Monat nach Kriegsende!

Diese «ethnischen» Gruppen wussten nicht, dass sie als solche betrachtet und vom Finger de Gaulles bezeichnet und gezeichnet wurden. Im Allgemeinen sind sich gesellschaftliche Gruppen jedoch der Diskriminierung bewusst, der sie unterliegen. Dieses Bewusstsein stärkt dann die eine Identität, deretwegen sie diskriminiert werden. Diese empfinden sie nun womöglich als die wesentliche, sogar als die ausschließliche. So ist der polnische Nationalismus von anderer Art als der französische, der britische oder der deutsche. Dem polnischen Volk wurde die Existenzberechtigung abgesprochen, mehrmals besaß es keinen eigenständigen Staat mehr, und immer wieder trachtete man danach, es zumindest kulturell zu vernichten. Das alles stärkte das Gefühl der nationalen Zugehörigkeit.

Die Proletarier des 19. Jahrhunderts waren als solche zugleich ausgebeutet und verachtet. Die Arbeiter-Internationale konnte sich auf diese gemeinsame Identität britischer, deutscher, französischer Arbeiter berufen, wenn sich auch 1914 zeigen sollte, dass – mit wenigen Ausnahmen – die nationale Identifikation stärker war als die proletarische. Die Frauenbewegungen des 20. Jahrhunderts gründeten auf der Feststellung, dass alle Frauen – der Bourgeoisie wie der Arbeiterklasse – diskriminiert waren und sich also hauptsächlich als Frauen zu identifizieren hatten. Es hätte auch keinen Zionismus gegeben ohne die Überzeugung, dass die Diskriminierung, dass die Bedrohung allen Juden galt, was auch ihre anderen Zugehörigkeiten sein mochten.

Doch inwiefern handelt es sich in solchen Fällen um eine Art kollektive Selbstidentifizierung, inwiefern lediglich um den Anspruch von Interessenvertretern, die gesamte Gruppe in der einen Identität voll zu repräsentieren? In der Türkei brauchten die Kurden keine Vertreter, um sich als Kurden zu identifizieren. Aber eine militante Befreiungsbewegung ruft sie dazu auf, ihre Identität auf die kurdische zu beschränken. Staatlicherseits suggeriert Algerien ebenso wie die Türkei, es gäbe nur ein Staatsvolk, in diesem Falle die Araber; eine Minderheit wie die Berber wird diskriminiert und unterdrückt.

Es sind jedoch nicht die schwachen Organisationen, die identitätserhaltend wirken. In den letzten Wochen der DDR gab es zunächst eine kollektive, nicht auferlegte demokratische Identifizierung: «WIR sind das Volk» war der Ruf der politischen Opposition gegen den Anspruch der SED und der Regierung, das Volk zu vertreten. Die Parole «Wir sind EIN Volk» galt dann der Einheit der Nation – beim Großteil der Bevölkerung trat in diesem Moment die nationale Identität in den Vordergrund, und sie bezog sich nicht auf den taumelnden DDR-Staat, sondern auf Gesamtdeutschland oder die Bundesrepublik.

Regierungen berufen sich gerne auf diese nationale Identität, vor allem in Krisenzeiten. Im Allgemeinen kommt der Anspruch, das ganze Volk als Nation zu vertreten, von der konservativen Seite. Der berühmte Ausspruch «Ich kenne keine Parteien mehr» von Kaiser Wilhelm II. bedeutete: «Alle Deutsche haben ausschließlich Deutsche zu sein, was alle Klassenunterschiede auslöschen sollte. Diejenigen, die das nicht einsehen, sind *der innere Feind*.»

Nicolas Sarkozy spricht in der Wirtschaftskrise davon, dass es nun auf die *unité nationale* ankomme. Also seid ihr als Franzosen angesichts der Krise alle gleich – ob Bankier oder jüngst entlassener Arbeiter oder Angestellter.

In unseren demokratischen Gesellschaften darf jeder Verband die volle Vertretung seiner Mitglieder reklamieren. Aber auch hier ist dieser Anspruch oftmals vermessen. In Deutschland wie in

Frankreich haben die Bauernverbände viel Macht, weil ihnen die Vertretung aller Landwirte zuerkannt wird. In Wirklichkeit sind die Interessen der Großbauern nicht gerade dieselben wie die der ständig in ihrer Existenz bedrohten Kleinbetriebe. Bei dem «Wir Bauern» verstecken sich die Reichen hinter den Armen.

Der Universitätsprofessor hat keine Vorgesetzten, arbeitet, wann er will, darf, außer in Ausnahmezeiten, seine Vorlesungen und Seminare ungestört durchführen. Welcher Unterschied zu einem Lehrer in einer Gesamtschule mit drei Viertel fremdsprachiger Schüler, mit viel Rebellion und sogar körperlicher Bedrohung! Und doch sagen die *Fédération de l'Éducation nationale* und die GEW *Nous les enseignants*, «Wir, die Lehrenden», behaupten, im Namen aller Lehrenden zu sprechen.

Der Zentralrat der Juden in Deutschland wie der CRIF (*Conseil représentatif des institutions juives de France* – Repräsentativer Rat der jüdischen Institutionen in Frankreich) beanspruchen eine Art Alleinvertretung aller Juden in Deutschland oder in Frankreich, auf andere Vertretungsansprüche reagieren sie zumindest mit Missbehagen.

Häufig verquicken Interessenvertreter die Identität der Gruppe mit einer Erinnerung, mit dem Bezug auf eine kollektive Vergangenheit. Das tun sie insbesondere dann, wenn die vom Finger hervorgehobene Identität ein Stigma bedeutet, was in der Regel eine Verhärtung dieser gemeinsamen Identität nach sich zieht. Es sei denn, der Einzelne erhält die Möglichkeit, sich dem Finger zu entziehen.

Das versuchte in Frankreich 1993 ein Gesetz zu erreichen. Es erlaubt jedem, seinen Namen, seinen Vornamen oder beide zu wechseln, wenn er das Gefühl hat, sie benachteiligten ihn, insbesondere bei der Integration. Bereits im Einwanderungsgesetz vom 2. November 1945 hatte es geheißen, dass jeder Eingebürgerte, dessen Name schwer auszusprechen sei, diesen *sous une forme francisée* (in franzisierter Form) tragen dürfe. Aber nur wenige Franzosen mit arabischen Namen haben von dieser Möglichkeit Gebrauch gemacht. Sie wollten sich nicht von ihren Wurzeln abschneiden. Sie wollten nicht auf die Erinnerung verzichten.

In Frankreich noch mehr als in Deutschland ist ständig von der *mémoire collective*, von der kollektiven Erinnerung, die Rede und von dem *devoir de mémoire*, von der Pflicht des Erinnerns. Beide Ausdrücke sind schlecht gewählt. Denn es gibt keine kollektive Erinnerung, außer bei Menschen, die etwas mit anderen gemeinsam erlebt haben, etwa im Krieg oder im KZ. Aber sogar dann mag die geteilte Erfahrung anders bewertet werden. Als Édouard Daladier 1939 Hitler in einer Rundfunkansprache beschwor, als *ancien combattant* auf einen Krieg zu verzichten, glaubte er, dass jemand, der – wie er selbst – die furchtbare Erfahrung der Schützengräben gemacht hatte, keinen neuen Massenmord anzetteln könne.

Ansonsten ist das Wort Erinnerung in diesem Zusammenhang schlicht falsch. Ich kann mich nicht an Verdun erinnern; ich war noch nicht geboren. Kein Serbe kann sich an eine Schlacht von 1389 erinnern, die den serbischen Besitz des Kosovo rechtfertigen soll. Die Berliner Mauer fiel, als die heute Zwanzigjährigen geboren wurden. Sie können sich doch nicht an den 9. November 1989 erinnern! Die sogenannte kollektive Erinnerung ist etwas Übermitteltes, das man sich aneignet. (Auf Französisch klingt es besser: *un transmis qui devient un acquis*.) Übermittelt wird sie von der Schule, der Familie, dem weiteren persönlichen Umfeld, den Medien. Und es hängt viel davon ab, welche Inhalte sie vermittelt.

Deshalb habe ich nie verstanden, warum der Friedenspreis des deutschen Buchhandels, trotz wiederholter Vorschläge, nie dem Braunschweiger Georg-Eckert-Institut für Internationale Schulbuchforschung verliehen worden ist. Bereits in den fünfziger Jahren arbeiteten dort Geschichtslehrer einen gemeinsamen deutsch-französischen Text aus, der alle strittigen, oder besser gesagt: alle bis dahin strittigen Themen behandelte. Viele Aspekte des Textes wurden dann in die Schulbücher beider Länder eingearbeitet. Im Jahr 2005 erschien sogar ein gemeinsames Schulbuch. Das Verhältnis Deutschlands zu Polen ist schwieriger, aber der Konsens unter den Historikern beider Länder über die Vertreibungen hat den Kompromisstext der Regierungen im deutsch-polnischen Vertrag erleichtert. Nun soll ein deutsch-polnisches Schulbuch entstehen, angelehnt an das 2005 erschienene deutsch-französische.

Man darf hoffen, dass dieses neue Unterrichtswerk nicht dessen Fehler übernimmt. Der Zeit nach 1945 gewidmet, enthält es Fakten, aber kaum Hinweise auf die damit verbundenen Probleme: Auschwitz ja, aber die Debatten um die Schuldfrage nein. Nachkriegserinnerung an Hitlers Verbrechen ja, aber die französischen Gymnasiasten werden nicht erfahren, wie viele deutsche Gymnasien den Namen der Geschwister Scholl tragen. Und Stalins Verbrechen werden kaum erwähnt, Mao wird in einer Notiz nur positiv dargestellt.

Aber die weltweiten Bestrebungen, durch Geschichtsbücher eine weniger selbstbezogene, aggressive «kollektive Erinnerung» mitzugestalten, sind beachtlich und werden auch in den Braunschweiger Publikationen ständig beschrieben.

Dank der Historiker werden viele nationale Klischees überwunden. Bei einer Ausstellung über die Franken in Mannheim gab es am Eingang eine Gegenüberstellung des Galliers Vercingétorix und des Cheruskers Arminius/Hermann, umgeben von Zetteln, auf denen die wildesten nationalistischen Übertreibungen aus den Geschichtsbüchern des 19. Jahrhunderts standen.

Was der Umschwung zeitigen mag, erfuhr ich zu Beginn der sechziger Jahre an einem Abend in der Sorbonne. Ich moderierte ein Gespräch zwischen dem Berliner Historiker Gilbert Ziebura und dem Franzosen Jacques Droz. Thema: Die Ursachen des Ersten Weltkriegs. Der deutsche Professor sprach von deutscher Verantwortung, der französische protestierte, weil die französische Verantwortung so groß gewesen sein. Ich wies lachend darauf hin, dass wenige Jahrzehnte vorher die Vorwürfe in eine andere Richtung gegangen wären.

Leider können Schul- und sogar Kinderbücher ganz anders aussehen. Das Spannungsfeld umreißt der Titel eines aktuellen Beitrags im Bulletin des Georg-Eckert-Instituts: «Schulbücher zwischen Konfliktverschärfung und Friedenserziehung». Welche «Erinnerung» jungen Deutschen einmal auferlegt werden sollte, das kann man in einem bereits 1933 erschienenen «Hausbuch» unter dem Titel *Kinder, was wisst ihr vom Führer?* nachlesen. Es beginnt mit der Geschichte des Ersten Weltkriegs:

«In der Zeit, von der ich euch erzählen will, in der in Deutschland alles gut und recht war, da haben die Franzosen Angst vor unserer Tüchtigkeit bekommen und sind neidisch auf uns geworden. Auch die Engländer und Russen sind neidisch geworden ... Mir fällt eben ein Märchen ein, das ihr alle kennt. Da ist auch jemand neidisch und böse geworden. Die schöne Königin, die Schneewittchens Stiefmutter war ... Von Schneewittchen wisst ihr, das es weiß war wie Schnee, und rot wie Blut und schwarz wie Ebenholz. Schwarz, weiß, rot, das sind auch die deutschen Farben ... Und so wie die Königin Schneewittchen umbringen wollte, so wollten auch England und Frankreich Deutschland umbringen. Wie kann man ein Land umbringen? fragt ihr wohl. Ach, Kinder, das ist etwas Furchtbares. Das versucht man durch den Krieg.»

Doch glücklicherweise hat Gott diesem Deutschland, nachdem es durch inneren Verrat besiegt worden war, einen Mann wie Hitler geschenkt. Deswegen schließt das kleine Buch mit: «Wenn ihr abends im Bett liegt und an alle Menschen denkt, die ihr lieb habt, dann denkt ihr auch an Adolf Hitler ... Und ihr bittet den lieben Gott für ihn: ‹Beschütze unseren Führer und hilf ihm bei seiner großen Aufgabe! Amen.›»

Die Liebe zu Stalin wurde auf ähnliche Weise geschürt. Es ist schön, dass die deutschen Kinder später diesem geistigen Zwang entkommen konnten. Ob das auch den Jungen vergönnt sein wird, die unter dem Einfluss von Al-Qaida, den Taliban oder anderen extremistischen Gruppierungen stehen, ist fraglich.

Neben der direkten Beeinflussung kann es auch eine unterschwellige geben, die das Schlimmste als normal erscheinen lässt. So eine Rechenaufgabe aus der NS-Zeit: «Ein Geisteskranker kostet täglich RM 5 –; ein Krüppel RM 5,50, ... Nach vorsichtiger Schätzung sind in Deutschland 300 000 Geisteskranke, Epileptiker usw. in der Anstaltspflege. Was kosten diese jährlich insgesamt bei einem Satz von RM 4? Wieviele Ehedarlehen zu je RM 1000 könnten, unter Verzicht auf Rückzahlung, von diesem Geld jährlich ausgezahlt werden?»

Die «kollektive Erinnerung» versuchen allerdings auch demokratische Regierungen mitzubestimmen. Aussagekräftig sind dabei vor allem die «blinden Flecken». Eine offizielle französische Publikation heißt *Les chemins de la mémoire* – «Die Wege der Erinnerung». Bis vor wenigen Jahren war sie völlig einseitig. Man erinnerte im Dezember 1996 an den Angriff von Ho Chi Minh auf Hanoi, der 1946 stattgefunden hatte. Aber in der November-Ausgabe hatte nichts von den französischen Bomben auf Haiphong gestanden, die doch Tausende Vietnamesen getötet hatten. Heute spricht man von den nordafrikanischen Soldaten, die 1943/44 in der französischen Armee in Italien gekämpft hatten, aber man analysiert auch, wie sie damals und vor allem nach Kriegsende diskriminiert wurden.

Ebenso können die Regierenden bestimmte Inhalte der «kollektiven Erinnerung» umdeuten, ihnen einen neuen Sinn verleihen. Premierminister Lionel Jospin und nach ihm Nicolas Sarkozy haben das Bild der Soldaten verändert, die 1917, während des Ersten Weltkriegs, den Gehorsam verweigert hatten und von denen nicht wenige zum Tode verurteilt und hingerichtet worden waren. Auf ihrem Fall beruht Stanley Kubricks bewegender Film *Wege zum Ruhm*, der von seiner Erstaufführung in den USA 1957 bis 1975 nicht in Frankreich gezeigt werden durfte. Nun sollen diese Soldaten nicht mehr als Feiglinge, Verräter oder Deserteure betrachtet werden, sondern mit Verständnis und Mitgefühl. 2008 hat der Oberbürgermeister von Paris eine große Straßenkreuzung vor der École militaire nach Jacques Pâris de Bollardière benannt, dem einzigen General, der gegen die Folter in Algerien protestiert hatte und dafür bestraft worden war.

Immer häufiger wird auch der Gesetzgeber bemüht, um bestimmte Lesarten der Vergangenheit festzuschreiben. Deshalb haben im Jahr 2008 zahlreiche bekannte französische Historiker eine vielbeachtete Petition unterzeichnet, die die *lois mémorielles* global ablehnt, mit Ausnahme allerdings der *loi Gayssot* (das ist der Name des kommunistischen Abgeordneten, der Berichterstatter gewesen war). Dieses Gesetz von 1990 verbietet unter Strafe, Verbrechen gegen die Menschlichkeit zu leugnen, so wie sie in den Nürnberger Prozessen definiert worden sind. Das zielte ausschließlich auf den Holocaust.

Doch 2001 hat die Nationalversammlung – sei es nur, weil es so viele Wähler armenischer Herkunft gibt – ein etwas merkwürdiges Gesetz verabschiedet, dessen einziger Artikel besagte: «Frankreich anerkennt öffentlich den Genozid an den Armeniern von 1915. Dieses Gesetz wird als Staatsgesetz vollzogen.» Direkte Konsequenzen hat eine solche Formulierung nicht. Im selben Jahr wurde der französische Sklavenhandel per Gesetz als Verbrechen gegen die Menschlichkeit verurteilt. 2005 hingegen verpflichtete ein anderes Gesetz die Schulen recht provozierend, die positiven Leistungen der französischen Präsenz in Schwarz- und Nordafrika darzustellen. Angesichts all dessen hatten die Historiker in der Petition darauf beharrt, es sei ihre Aufgabe, historische Fakten klarzustellen und nicht die der Gesetzgeber.

Auch die Literatur vermag «kollektive Erinnerung» zu schaffen,

Identitäten zuzuweisen. Das Wort Preußen wäre in Frankreich weniger negativ besetzt gewesen, wenn nicht zwei vielgelesene Autoren des 19. Jahrhunderts, Guy de Maupassant und Alphonse Daudet, in ihren Novellen stets den Preußen – nicht die Deutschen –, besonders den preußischen Offizier, als brutal und zynisch dargestellt hätten.

Der Film hat vielleicht mehr Einfluss als das Geschichtsbuch, auch oder vor allem, wenn er die Geschichte verfälscht. 2009 läuft ein neuer Film über Ernesto Guevara, der aus dem «Che» eine Heldenfigur macht, welche die «kollektive Erinnerung» all derer nur stärken kann, die noch zu Millionen das T-Shirt mit seinem berühmten Bild kaufen und tragen. Alles Negative – sein Unwissen über Südamerika, seine Grausamkeit auf Kuba, seine Unbarmherzigkeit – wird beiseitegeschoben.

Im Alltag dürfte entscheidender sein, welches Bild das Fernsehen von Gegenwart und Vergangenheit zeichnet. Die große französische private Fernsehanstalt TF1 hat keinen Korrespondenten in Brüssel und stellt nie die Geschichte der Europäischen Gemeinschaft dar. Welch Hindernis auf dem Weg zu einer europäischen Identität!

Es gibt natürlich viel Schlimmeres. Wer kann wirklich elektronische Spiele kontrollieren und effizient verbieten, bei denen etwa die Frage «Soll Ihre SS eine Judenverfolgung durchführen?» bejaht werden soll, damit der bestätigende Kommentar erscheint: «Die SS hat alle Juden gefangen und warf sie in die Gaskammer.»? Beim betreffenden Spiel lobt der Spielleiter «The Nazi» den Spieler, wenn dieser auf die Frage «Ein türkischer Junge kommt auf dich zu. Was machst du?» antwortet: «Ich gebe ihm eine Zyankali-Kapsel und sage, es wäre ein Bonbon.» Und was übermittelt ein Witz wie «10 000 kleine Negerlein, die wollten duschen gehen. Türen zu, Gas rein, da waren's nur noch zehn.»?

Zugegeben, das mögen lediglich befremdliche Erscheinungen der Jugendkultur sein. Als zentrale Bestandteile der «kollektiven

Erinnerung» haben die Historiker seit einigen Jahren sogenannte Gedächtnisorte ausgemacht: geographische Orte, Ereignisse, reale und mythische Gestalten, Kunstwerke, Institutionen und anderes mehr. Das Konzept geht zurück auf Pierre Nora, der für Frankreich drei Bände *Les lieux de mémoire* herausgegeben hat. Sie haben das ebenfalls dreibändige Werk *Deutsche Erinnerungsorte* angeregt, die der Franzose Étienne François und der Deutsche Hagen Schulze 2001 herausgegeben haben. Vergleichbare Publikationen erschienen in anderen europäischen Ländern.

Ich muss gestehen, dass ich diesen Unternehmen kritisch gegenüberstehe. Es geht doch zunächst um nationale Dinge, die einmal waren oder noch sind und die einige Deutsche für wesentlich halten, darunter die Autoren. Der Struwwelpeter, der deutsche Wald, Oberammergau, Faust, die Loreley, die Jugendweihe als gemeinsame Erinnerung und positiv oder negativ bewertete Praxis, gewiss. Aber welche Generation liest noch Karl May oder kennt die Bedeutung von Moses Mendelssohn?

Die Erinnerungsorte mögen negative Gefühle erwecken. Darüber hinaus sind manche Erinnerungsorte, die früher wichtig waren, mittlerweile zu Negativsymbolen geworden. Mir ist es dreimal vergönnt gewesen, eingeladen zu werden, um deutsche Denkmäler zu entmythisieren. Zunächst die schreckliche Germania des Niederwalddenkmals, dann die beiden kaiserlichen Reiterstatuen auf dem Kyffhäuser, schließlich die Leipziger «Völkerschlacht». In Rüdesheim zeigte ich unter anderem, dass die Nase oberhalb der dicken Brüste eher auf die Schweiz gerichtet war als auf Frankreich und dass die Wacht am Rhein nun nicht mehr vonnöten sei. Auf dem Kyffhäuser traf es sich, dass die Feier von verschiedenen Militärkapellen begleitet wurde. In meiner Rede wies ich auf das wiehernde, sich bäumende Pferd von Wilhelm II. und sagte, der Monarch sei wütend, weil soeben eine französische Kapelle aus der elsässischen Stadt Bitche an ihm vorbeigezogen sei. In Leipzig bemerkte ich, dass heute noch auf Französisch *Saxon* Verräter bedeutet und dass es doch nicht allzu schwer gewesen sein könne, Napoleon zu schlagen, nachdem er in Russland fast seine ganze Armee verloren hatte.

Natürlich gibt es Orte, die noch heute eine Bedeutung haben, wenn sie auch nicht immer richtig interpretiert wird. 2003 hat man das in Versailles sehen können. Anlässlich des 40. Jahrestags des Élysée-Vertrags tagten dort zum ersten Mal das deutsche und das französische Parlament gemeinsam. Das Ereignis ist kaum beachtet worden, weil sein starker symbolischer Wert vernachlässigt wurde: Versailles stand nun als Erinnerungsort für die Überwindung zweier Kränkungen, die Frankreichs von 1871 und die Deutschlands von 1919.

Das Ossarium von Douaumont bei Verdun hätte von Anfang an ein Symbol der Versöhnung sein können. Mgr Charles Ginisty, Bischof von Verdun, hatte nämlich gegen viele Widerstände erreicht, dass die Gebeine aller dort Gefallenen – Franzosen wie Deutsche – gemischt in Schreinen aufbewahrt wurden. Als dort später François Mitterrand und Helmut Kohl feierlich Hand in Hand standen, ging das Bild um die Welt. Es sei das Zeichen der deutsch-französischen Versöhnung nach dem Zweiten Weltkrieg. In Wirklichkeit betraf Douaumont den Ersten Weltkrieg. Für den Zweiten hätten sie sich, da Buchenwald in der DDR lag, in Dachau die Hand reichen sollen, zur Erinnerung an das gemeinsame Leiden von Gegnern des Nationalsozialismus.

Wichtiger scheint mir jedoch, dass in jedem Land eine negative Erinnerung gewissermaßen neu geschaffen wird, nämlich die an die Vergehen oder Verbrechen, die im Namen dieses Landes gegen Andere begangen wurden. Auf Einladung des französischen Botschafters sprach ich einmal in Ankara. Er sagte mir vor meiner Rede: «Ich weiß, Sie sprechen immer sehr offen. Ich bitte Sie aber, zwei kleine Wörter zu vermeiden, wirklich nur zwei: Armenier und Kurden.»! Ich versprach es und sagte: «Sie müssen verstehen, dass die Europäische Gemeinschaft eine Fläche ist, auf der jeder von den Verbrechen der Anderen sprechen darf und von seinen eigenen Verbrechen sprechen soll.»

Nach der Veröffentlichung meines Buches *Verbrechen und Erinnerung* erhielt ich zwei beinahe gleichlautende Briefe, den einen von einem katholischen kroatischen Priester, den anderen von einem serbisch-orthodoxen. Beide warfen mir vehement vor, nicht genügend über die Verbrechen gesprochen zu haben, die die Anderen an den Ihren begangen hatten. Ich antwortete, dass, besonders da sie sich Christen wähnten, sie den Ihren darstellen sollten, welche Verbrechen in ihrem Namen gegen die Anderen verübt worden seien.

Das gilt nicht nur für Europa. Die australische Regierung hat sich 2008 endlich entschlossen, die weitgehende Ausmerzung der Aborigenes (*ab origines*: seit den Ursprüngen da) anzuerkennen. Die USA haben noch immer nicht offiziell eingeräumt, wie viele Juden gerettet worden wären, wenn die Einwanderungsbegrenzung nicht so hart gewesen wäre. Die Berühmten oder Bekannten, wie Albert Einstein und manche anderen Professoren oder Schriftsteller, durften ins Land; ebenso diejenigen, die von einem Amerikaner ein *affidavit* erhalten hatten, das heißt, eine Garantie für den Unterhalt des Emigranten und seiner Familie. Erst vor kurzem wurde belegt, dass Otto Frank, der Vater von Anne, vergeblich versucht hatte, ein amerikanisches Visum zu erhalten.

Als Europäer muss man nicht Mitglied der EU sein, um die Pflicht zur Aufarbeitung der eigenen Geschichte zu haben. Die Schweiz hat sich in dieser Hinsicht allmählich zum Positiven verändert. Früher sahen sich dort Autoren heftigsten Angriffen ausgesetzt, wenn sie darüber schrieben, dass die Behörden des Dritten Reichs den deutschen Juden auf Schweizer Verlangen ein «J» in den Pass gestempelt hatten, damit diese an der Grenze erkannt und abgewiesen werden konnten – was bedeutete, sie in den sicheren Tod zu schicken. Ein Mann wie Paul Grüninger wurde erst 1994 rehabilitiert. Dieser Beamte hatte weisungswidrig Juden ins

Land gelassen und war deshalb aus dem öffentlichen Dienst entlassen worden und in Armut gestorben.

Im Jahr 1995 hat der Schweizer Bundespräsident dann in einer mutigen Rede bekannt: «Es steht für mich außer Zweifel, dass wir mit unserer Politik gegenüber den verfolgten Juden Schuld auf uns geladen haben. Die Angst vor Deutschland, die Furcht vor Überfremdung durch Massenimmigration und die Sorge um politischen Auftrieb für einen auch hierzulande bestehenden Antisemitismus wogen manchmal stärker als unsere Asyltradition, als unsere humanitären Ideale.»

In Frankreich flammen immer neue Debatten um die Vergangenheit auf. Es geht um den Kolonialismus, um den Sklavenhandel, um den Algerienkrieg, es geht um die Vichy-Regierung. Und das nicht nur auf nationaler Ebene: In Nantes, dann in Bordeaux wird nun darauf aufmerksam gemacht, dass der Reichtum dieser Städte weitgehend durch den Sklavenhandel entstanden ist.

Es wird auch viel diskutiert, wie die «kollektive Erinnerung» an das Negative durch die Schulbücher weitergegeben werden sollte. Noch wird dort manches beiseitegelassen. Zum Beispiel der Artikel 19 des Waffenstillstands vom Juni 1940, der einzige wirklich entehrende: Frankreich verpflichtete sich, die politischen Flüchtlinge zu überstellen, die Deutschland anfordern würde. Da man die meisten sowieso als Feinde in Lager eingesperrt hatte, war die Auslieferung ein Leichtes. So wurden die prominenten SPD-Politiker Rudolf Breitscheid und Rudolf Hilferding in den Selbstmord getrieben oder zum Sterben ins KZ gebracht.

Für den einzelnen Menschen gibt es eine besonders bewundernswerte Art, die eigene schlimme Erfahrung in Erinnerung zu behalten: Indem man sich vom Blick zurück weniger erschrecken oder lähmen lässt, sondern mit diesem vergangenen Leiden schöpferisch umgeht. Zwei Beispiele mögen zeigen, was damit gemeint ist.

Im Jahr 1997 hatte ich die Ehre, zusammen mit Michael Lapsley auf einem Podium zu sitzen. Es ging um *La transmission de la mémoire* («Die Übermittlung der Erinnerung»). Er saß da mit seinem einzigen Auge und den beiden Metallgriffen, die seine Hände ersetzen mussten. Der anglikanische Pastor aus Neuseeland war 1973 nach Südafrika gekommen und hatte sich gleich gegen die Apartheid eingesetzt. Neun Jahre später musste er das Land verlassen und ließ sich in Zimbabwe nieder. Dort wurde er 1990 durch ein Briefbombenattentat des südafrikanischen Geheimdienstes schwer verletzt – zwei Tage vor dem historischen Treffen der Apartheid-Regierung mit dem ANC. Nach dem Ende der Rassentrennung ging er nach Südafrika zurück und wurde Vizepräsident der Kommission für Wahrheit und Versöhnung. Er wollte keine Rache. Er wollte aufbauend helfen, damit es in Zukunft keine Verstümmelungen mehr gab.

Geneviève de Gaulle, Nichte des Generals (1946 durch ihre Heirat de Gaulle-Anthonioz geworden), wurde als einundzwanzigjährige Studentin aktives Mitglied einer Résistance-Organisation. Die Gestapo verhaftete sie im Juli 1943. Ein halbes Jahr später wurde sie in das KZ Ravensbrück eingeliefert, wo sie mehr als ein Jahr Elend und Hunger litt. Nach Kriegsende kümmerte sie sich um leidende Überlebende, bis sie 1958 Pater Joseph Wresinski kennenlernte, der sich, eben weil er in Armut und Verachtung aufgewachsen war, entschlossen hatte, mit den Armen und Verachteten aufbauend zu leben.

Er zeigte ihr den Slum von Noisy le Grand bei Paris. Dort entdeckte sie Zustände, die denen ähnelten, die sie in Ravensbrück erlebt hatte. Bis 1998 war sie dann aktive Präsidentin von *ATD (aide à toute détresse)/Quart monde* (Vierte Welt-Bewegung), bis sie sich erschöpft zurückzog und 2002 im Alter von 82 Jahren starb. Einige Jahre vor ihrem Tod hatte sie vom Rednerpult der Nationalversammlung aus die Abgeordneten dazu bewegt, ein von Pater Wresinski ausgearbeitetes Gesetz zur Bekämpfung der Armut zu verabschieden.

Andere haben sich anders eingesetzt. Welche Erfahrungen hatte Rémy Roure mit Deutschland gemacht? Der innenpolitische Chefredakteur von *Le Monde* konnte kein Deutsch. 1885 geboren, war er 1914 als Leutnant in den Krieg gezogen. Er wurde als Kriegsgefangener in das Offizierslager (Oflag) Ingolstadt eingeliefert, wo er sich mit einem anderen Insassen, Charles de Gaulle, anfreundete. Im Zweiten Weltkrieg wurde er einer der Führer der Résistance-Organisation *Combat*. 1943 kam er in das KZ Buchenwald, wo er bis Kriegsende litt.

Unterdessen war seine Frau im KZ Ravensbrück an Hunger und Krankheit gestorben. Sein einziger Sohn, Offizier in der Armee von General de Lattre de Tassigny, wurde durch eine Tretmine getötet, als er in Ravensbrück nach der Leiche seiner Mutter suchte. Sein Neffe war von den Deutschen erschossen worden.

Trotz alledem sagte er sofort ja, als ich ihn im Namen des katholischen Philosophen Émmanuel Mounier, Herausgeber der Zeitschrift *Esprit*, anrief, um ihn zu fragen, ob er nicht einer der Präsidenten des Comités für Austausch mit dem neuen Deutschland werden wollte, das wir dabei waren zu gründen. Gerade weil Frankreich nach 1918 die Weimarer Republik verantwortungslos behandelt hatte, fühlte er sich mitverantwortlich für die Zukunft Deutschlands.

Bereits im Mai 1945 hatte der alte Elsässer Jean Schlumberger, neben André Gide Gründer der berühmten Zeitschrift *Nouvelle Revue Française*, in *Le Figaro* geschrieben: «Nach dem Versailler Vertrag haben wir nur gefragt: ‹Was werden die Deutschen noch erfinden, um die Ordnung zu zerstören?› Wer mutig ist, darf heute nur eine einzige Frage stellen: ‹Was können wir tun, um eine Ordnung zu schaffen?›»

Das war ganz im Sinne des Artikels, den Joseph Rovan in der Oktobernummer 1945 von *Esprit* veröffentlicht hatte: *L'Allemagne de nos mérites* («Das Deutschland, das wir uns verdienen werden»). Rovan, dessen Vater Rosenthal geheißen hatte,

hatte ihn direkt nach seiner Befreiung aus dem KZ Dachau geschrieben. Sein Leitspruch war später immer: «Wir sollten doch wissen, dass Dachau zwar von Deutschen, aber für Deutsche eingerichtet worden ist.»

Ähnlich dachten die drei Väter der ersten europäischen Bewegung: Eugen Kogon, mit Walter Dirks Herausgeber der *Frankfurter Hefte* – Partnerin von *Esprit* –, der über seine Erfahrungen in Buchenwald das vielgelesene Buch *Der SS-Staat* veröffentlicht hatte; der Italiener Altiero Spinelli, der in Mussolinis Gefängnissen gesessen hatte; und der Franzose Henri Frenay, großer Mann der schon erwähnten Widerstandsbewegung *Combat*. Alle drei waren überzeugt, dass ihre persönliche Erfahrung sie verpflichtete, für eine friedliche und demokratische Zukunft in Europa zu sorgen.

Andere Arten der schöpferischen Erinnerung findet man zum Beispiel in den Bestrebungen des Dirigenten Amaury du Closel, die unter dem Nazi-Regime verbannten oder zum Schweigen gezwungenen Komponisten durch Konzerte bekanntzumachen. *Voix étouffées* heißt sein Ensemble, das nun in ganz Europa erfolgreich ist, in Deutschland unter dem Namen *Verstummte Musik*. Es geht nicht nur darum, über das Schicksal der Musiker zu trauern, sondern ihr Verstummen zu überwinden, indem man ihre Musik gewissermaßen auferstehen lässt.

Für die Trauer gibt es natürlich auch Orte. Man besucht sie, um sich an eigenes Leiden zu erinnern, um das Leiden der Seinen anderen verständlich zu machen. Trauern kann aber noch mehr sein. Der Leser wird es mir hoffentlich nicht allzu sehr verübeln, wenn ich das mit einem Selbstzitat weiter ausführe. Die folgende Passage stammt aus einer der beiden schwierigsten Reden, die ich je gehalten habe (auf die andere, in der Weimarer Herder-Kirche, werde ich später eingehen). Es war am 17. November 1974 im Plenarsaal des Bundestags. Ich war eingeladen worden, zum Volkstrauertag zu sprechen. Ich sagte unter anderem:

«Wir trauern. Aber wer ist *wir*? Wer sind *unsere* Toten? Die, die uns nahestanden? Die Familie? Die Stadt? Die Gleichgesinnten? Die Landsleute? ... Am Volkstrauertag trauern, das sollte notwendigerweise heißen, sich mindestens durch alle Verluste betroffen zu fühlen, die von einem gesamten Volk erlitten worden sind. Und das sollte eigentlich zu einem Gefühl führen, das man fast immer in Bezug auf die Familienmitglieder empfindet, nämlich das der Mitverantwortung. Das muss ganz besonders in Deutschland betont werden, denn es gibt seit Jahrhunderten in Deutschland vielleicht mehr als woanders eine große Versuchung, nämlich die der Beschränkung des Bereichs der Mitverantwortung. Die falsche Gleichung zwischen *Beruf* und *Berufung* verleitet zu glauben, dass man bereits ein guter Bürger sei, wenn man seinen Beruf gewissenhaft ausführt und sich um seine Familie kümmert. Was der weiteren Gemeinschaft zustößt ist Sache der Obrigkeit ...

Ja, für die eigene Trauer kann man mitverantwortlich sein, wenn sie durch politische Entscheidungen entstanden ist, auf die man verzichtet hat, Einfluss nehmen zu wollen ... Wenn innere Gefahr droht, so hoffte 1933 jeder, die Verfolgung und die Trauer würden ihm erspart bleiben, wenn er die Nachbargruppen tatenlos der Trauer überließ. (So die Sozialdemokraten mit den Kommunisten, dann die Liberalen mit den Sozialdemokraten usw.) Der Krieg und das große Sterben hätten vielleicht verhindert werden können, wenn man nicht zunächst zu verfolgten anderen Deutschen einen mörderischen Abstand genommen hätte.

Und als der Krieg da war, hat man die Trauer auf die Landsleute beschränkt. Als ich 1948 zum ersten Mal einen öffentlichen Vortrag in Deutschland hielt, sagte der Oberbürgermeister in seiner Einführung: ‹Wir haben verstanden, was Krieg bedeutet, als die Bomben auf unsere Stadt gefallen sind.› Ich fühlte mich gezwungen zu antworten: ‹Das ist ja eben die Tragödie, dass Sie es nicht verstanden, als die Bomben auf Coventry, Warschau und Rotterdam gefallen sind› …

Wofür starben sie? Es gibt Tote, die ihr Leben absichtlich geopfert haben, um für etwas zu sterben, was uns heute noch als ein echter, hoher Wert erscheint. Nehmen wir als Beispiel Hans und Sophie Scholl oder Jan Pallach, der in Prag 1969 nach dem Einmarsch der Roten Armee Selbstmord beging. Es gibt auch Tote, die sich für eine Sache aufgeopfert haben, für eine Sache, von der heute niemand sagen würde (oder wenigstens nie sagen sollte), dass sie eine gute oder schöne Sache gewesen war. Und es gibt eine Unmenge Tote, die aufgeopfert wurden, ohne einen Willen zur Selbstopferung zu haben …

Ich möchte mit Nachdruck sagen, dass die Trauer für alle von ihnen berechtigt ist, dass niemandem die Trauer verübelt werden sollte, vorausgesetzt, dass er die Frage ‹Wofür?› wenigstens umgestaltet wird in ‹Wie kann ich neue Trauer verhindern?›. Und das kann man dadurch, dass man die Gefühle bekämpft, die neues Leiden verursachen und andere Gefühle fördert, die einem neuen Leiden entgegenwirken.»

Ich stehe heute noch voll zu dieser Rede, die allerdings im schroffen Gegensatz zu einem vielgerühmten, vielverkauften und anscheinend wenig gelesenen Buch von 1967 stand, nämlich *Die Unfähigkeit zu trauern* von Alexander und Margarete Mitscherlich. Übrigens wird die im Titel formulierte Behauptung, die man in Bezug auf Deutschland immer noch gern zitiert, nur in einem Sechstel des Werkes behandelt. Allein der Ausdruck *Das Kollektiv der Bevölkerung Nachkriegs-Deutschlands* geht mir gegen den Strich – vor allem in einem Satz, in dem von der «Abwehr gegen Scham» die Rede ist, achtzehn Jahre nachdem der erste Bundespräsident Theodor Heuss klar die Kollektivschuld verneint und die Kollektivscham verkündet hatte.

Es gibt zwar eine etwas allein stehende Formulierung, die einräumt: «Natürlich beherrschen solche Abwehrvorgänge nicht nur die deutsche Szene, sie sind allgemeinmenschliche Reaktionsformen.» Aber warum dann eine Art Anklageschrift gegen die Bundesrepublik, die voller Unwissen ist über die Art, wie die «Schuldfrage» im Nachkriegsdeutschland wirklich behandelt worden ist?

Die Schuldfrage

Fragt man, welches Problem für die Bundesrepublik spezifisch ist, sie schon vor ihrer Geburt ständig beschäftigt hat und das noch heute im Hintergrund ihrer Einstellungen nach außen steht, so ist es die Schuldfrage. Das kleine, das Wort als Titel tragende Büchlein von Karl Jaspers ist 1946 erschienen und hat mit seiner Unterscheidung zwischen verschiedenen Stufen von Schuld viel Aufsehen erregt. Die damals erhobenen Schuldzuweisungen betrafen die Menschen, die in der Hitler-Zeit bereits erwachsen gewesen waren. Heute, mehrere Generationen später, sollte eigentlich nicht mehr von Schuld die Rede sein, sondern von Haftung. Auf Englisch gibt es die gleiche Unterscheidung zwischen *guilt* und *liability*. Auf Französisch ist das Wort *responsabilité* zweideutig: Es kann den Schuldbegriff beinhalten oder nicht.

Es waren keine einfachen Fragen, die nach 1945 gestellt wurden: Wer trug in welcher Form an was Schuld oder wenigstens Mitschuld? Wer klagte an? Wie wurde die Anklage angenommen? In der ersten Zeit stöhnten viele Deutsche bei Vorwürfen von außen: «Schon wieder!» Denn der Versailler Friedensvertrag nach dem Ersten Weltkrieg hatte eine moralische Schuld-Klausel enthalten, die vielleicht im Vertrag mit Österreich hätte stehen sollen, die aber Deutschland gegenüber gewiss nicht voll berechtigt war. Sie machte das Deutsche Reich für den Kriegsausbruch verantwortlich und legitimierte damit die Reparationsforderungen der Siegerstaaten. Bismarck hatte es 1871 zynischer und traditionstreuer gemacht: Der Besiegte muss zahlen, weil er besiegt ist. Frankreich hatte dann auch brav die beschlossene Summe in Gold bezahlt, ein Gold, das dann 1914 den deutschen Kriegseinsatz mit finanzierte. 1945 sagte man also gerne, das erste Mal stimmte es mit der Schuldzuweisung nicht, also wird es nun ebenso wenig stimmen!

Lange hat das Argument nicht gehalten, weil der politische und geistige Kontext ein ganz anderer war als nach 1919. Dafür sorgten die bedingungslose Kapitulation und die Besetzung deutschen Territoriums, die Roosevelt und Churchill auf der Konferenz von Casablanca 1943 als alliiertes Kriegsziel festgeschrieben hatten. Die Forderung der beiden Staatsmänner bedeutete zwar ein echtes Hindernis für jeglichen deutschen Widerstand gegen Hitler – und sei es nur, weil die Alliierten deshalb jeden Kontakt mit dessen Akteuren ablehnten –, aber sie ermöglichte paradoxerweise das Gelingen der deutschen Nachkriegsdemokratie. Denn im zerstörten und besetzen Deutschland konnte niemand glaubhaft die Legende verbreiten, das deutsche Heer sei eigentlich unbesiegt geblieben und lediglich einem «Dolchstoß in den Rücken» zum Opfer gefallen. So war auch kein neuer «Stahlhelm» möglich als «Bund der schlachterprobten, unbesiegt heimgekehrten deutschen Frontsoldaten und der von ihnen zum Geist der Wehrhaftigkeit erzogenen Jungmannen».

Man konnte wirklich neu beginnen und hätte sich von Anfang an mit Hitlers Verbrechen auseinandersetzen können – auch denen am deutschen Volk –, wenn es nicht nötig gewesen wäre, sich sogleich gegen eine Art historisch-nationale Schuldzuweisung zu verteidigen. Édmond Vermeil in Frankreich, Lord Vansittart in Großbritannien, dann etliche deutsche Historiker haben das Lied vom furchtbaren deutschen Sonderweg angestimmt, der von Luther über Bismarck zu Hitler geführt habe. Das von einem französischen Schriftsteller formulierte Thema lautete: «Der Irrtum von heute, wie der von gestern, wäre, darauf zu beharren, die Deutschen so zu behandeln, als seien sie Menschen wie die anderen.» Statt «Am deutschen Wesen soll die Welt genesen» hieß die Losung nun gewissermaßen «Am deutschen Wesen ging die Welt verwesen». Beinahe völlig in Vergessenheit geriet dabei die schwarz-rot-goldene Leitkultur der Freiheit, wie sie vom liberalen Hambacher Fest 1832 über die gescheiterte Revolution von 1848 zur Weimarer Demokratie geführt hatte.

Dass Hitler den Krieg gewollt und begonnen hatte, bezweifelte kaum jemand. Immerhin darf man darüber erstaunt sein, dass in Geschichtsbüchern deutscher Gymnasien auch heute noch einige einfache Zitate fehlen, die aus Hitlers geheimen Ansprachen an seine Generäle und Minister stammen. Diese Texte wurden bald nach Kriegsende veröffentlicht:

– 3. Februar 1933: «Wie soll politische Macht, wenn sie gewonnen ist, gebraucht werden? ... Vielleicht Erkämpfung neuer Export-Möglichkeiten, vielleicht – und wohl besser – Eroberung neuen Lebensraumes im Osten und dessen rücksichtslose Germanisierung.»

– 23. Mai 1939: «Es entfällt also die Frage, Polen zu schonen, und bleibt der Entschluss, bei erster passender Gelegenheit Polen anzugreifen.»

– 22. August 1939: «Wir brauchen keine Angst vor Blockade zu haben. Der Osten liefert uns Getreide, Kohle, Blei, Zink ... Ich habe nur Angst, dass mir noch im letzten Moment irgendein Schweinehund einen Vermittlungsplan vorlegt.»

Beim Nürnberger Hauptprozess, der sich vom 20. November 1945 bis zum 1. Oktober 1946 geschleppt hat, spielte der Vorwurf, den Krieg angezettelt zu haben, eine große, gewiss allzu große Rolle im Vergleich zu der Zeit, die den Kriegsverbrechen und vor allem den «Verbrechen gegen die Menschlichkeit» gewidmet wurde (ich habe bis heute diesen deutschen Ausdruck nicht verstanden, weil er doch das Monströse verniedlicht).

Was diese beiden Arten von Verbrechen unterscheiden sollte, war nicht ganz klar. Kriegsverbrechen waren «Ermordung, Misshandlung oder Verschleppung zur Zwangsarbeit oder zu irgend einem anderen Zwecke der entweder aus einem besetzten Gebiet stammenden oder dort befindlichen Zivilbevölkerung, Ermordung oder Misshandlung von Kriegsgefangenen oder Personen auf hoher See, Tötung von Geiseln, Raub öffentlichen oder privaten Eigentums, mutwillige Zerstörung von Städten, Märkten und Dörfern oder jede durch militärische Notwendigkeit nicht gerechtfertigte Verwüstung».

Verbrechen gegen die Menschlichkeit: «Ermordung, Ausrottung, Versklavung, Verschleppung oder andere an der Zivilbevölkerung ... begangene unmenschliche Handlungen; oder die Verfolgung aus politischen, rassischen oder religiösen Gründen in Ausführung eines Verbrechens oder in Verbindung mit einem Verbrechen, für das der Gerichtshof zuständig ist.»

Der Prozess ließ den Massenmord an den Juden weitgehend beiseite; Auschwitz stand keineswegs im Vordergrund. Warum das so war, wird noch zu erklären sein. Darüber hinaus betraf der Prozess nicht die etwaigen Verbrechen der Alliierten, seien es die In-Asche-Legung deutscher Städte oder das Massaker an den polnischen Offizieren in Katyn. Später sind dann immer wieder die vergleichenden Beschuldigungen aufgekommen, gegen Frankreich in Algerien, gegen Amerika in Vietnam und dann auch gegen Israel in Gaza.

Im Gegensatz zu dem, was zu jener Zeit und auch später behauptet wurde, enthielt der Prozess keinen Kollektivschuldvorwurf gegen das deutsche Volk. Die Haltung der Sieger war lediglich durch einen Widerspruch gekennzeichnet. Einerseits hieß es: «Ihr wusstet von den Verbrechen», und andererseits: «Schaut nach Nürnberg, um zu erfahren, welche Verbrechen begangen worden sind!» Nicht einmal Mitglieder krimineller Organisationen wurden kollektiv schuldig gesprochen. War jemand Mitglied der Gestapo oder der SS gewesen, so durfte er zwar vor Gericht gestellt werden, aber dort musste man ihm erst einmal eine persönliche Schuld nachweisen.

Warum dann der Eindruck einer kollektiven Anklage? Weil sich alle Deutschen einer Prüfung unterziehen mussten. Ausgenommen wurden die jungen Leute, die nach 1919 geboren, also 1933 erst vierzehn waren. Die Entnazifizierung teilte die Bevölkerung in fünf Kategorien ein: Ganz oben standen die (wenigen) «Hauptschuldigen», unten die «Mitläufer» und die «Entlasteten» – nicht etwa die Unschuldigen.

Die Bearbeitung von Abermillionen Fragebögen war natürlich günstig für viele Verantwortliche, weil sie es ihnen ermöglichte, in der Masse als Minderbelastete zu verschwinden. Auch urteilte vor allem die amerikanische Besatzungsmacht nach absurden juristischen Kriterien. Welcher Lehrer hatte es vermeiden können, in den NS-Lehrerbund einzutreten? Ein Großindustrieller hingegen brauchte nur Geld zu spenden, eine Parteimitgliedschaft wurde von ihm nicht verlangt. Mit einer damals geläufigen Scherzfrage ausgedrückt: Was bedeutet das Kürzel PG? Prisonnier de guerre (Kriegsgefangener der Franzosen), Parteigenosse und in beiden Fällen: Pech gehabt! Oder NSDAP: Im Elsass hieß es «Nous sommes des Allemands provisoires», ansonsten: «Na, suchst du auch Pöstchen?» Der NS-Lehrer jedenfalls wurde aus der Schule verwiesen, durfte nach einigen Jahren wieder zurück, da er ja durch Arbeitslosigkeit und Elend gewiss ein guter Demokrat geworden war!

Auch der in den Nürnberger Nachfolgeprozessen verurteilte Großunternehmer durfte bald seinen Betrieb wieder übernehmen. Göring hatte die Kategorie der WWJ, der wirtschaftlich wertvollen Juden erfunden. Nun gab es so etwas wie die WWN, die wirtschaftlich wertvollen Nazis. Erst Jahrzehnte später erschienen gutbelegte Bücher über das gar nicht so traurige Schicksal großer Unternehmer und großer Unternehmen in der Hitler-Zeit, von der IG Farben über Krupp und Flick bis zur Familie Quandt. Dabei gab es allerdings eine bemerkenswerte deutsche Besonderheit: Den Forschern wurden alle Archive zur Verfügung gestellt – von denen, deren Versagen und Vergehen sie darstellen würden. Solche Archive stehen in Frankreich noch für Jahrzehnte unter Verschluss.

Bereits in der frühen Bundesrepublik war das Wissenwollen jedoch viel größer, als es Jahrzehnte später im Rückblick fälschlicherweise behauptet wurde. In München leistete das Institut für Zeitgeschichte hervorragende Arbeit, und das wahrscheinlich grundlegendste Buch zur Frage des «Machtverfalls in der Demokratie» ist 1955 erschienen. Karl Dietrich Brachers *Die Auflösung der Weimarer Republik* beantwortete nüchtern, ausführlich und aufrichtig die immer noch gestellte Frage: «Wie konnte es geschehen?» Dabei bezog sich Bracher nicht einmal auf das Schlimmste der Hitler-Zeit, sondern auf den Zusammenbruch der Demokratie und die freiwillige Abdankung vieler, die über politische und gesellschaftliche Macht verfügten. Denn die ersten Schuldzuweisungen hätten doch für 1932/33 gelten sollen. Damals machten sich Menschen auf verschiedene Arten schuldig, zwei davon werden heute noch im Allgemeinen übergangen.

Die erste betrifft das Ermächtigungsgesetz, von dem der führerverherrlichende, später wieder zu Unrecht geehrte Carl Schmitt sagte, es sei die Verfassung des Dritten Reiches. Gewiss, als es der Reichstag am 23. März 1933 verabschiedete, tagte er schon inmitten der Brutalität der siegreichen Partei. Aber was das Gesetz bedeutete, das hatte zwei Tage davor die würdige und von vielen Politikern gelesene *Vossische Zeitung* sehr genau und bewegend dargestellt:

«In jedem Fall bleibt der Gesetzgebung, die die Reichsregierung allein und ohne jede parlamentarische Kontrolle ausüben kann, ein geradezu unübersehbares Feld, auf dem ihrem Willen keine rechtliche Schranke gezogen sein würde. Der Satz, dass die von ihr beschlossenen Gesetze von der Reichsverfassung abweichen können, bedeutet die Beseitigung jeder rechtsstaatlichen Garantie ... Eine solche neue Gesetzgebung wäre weder an den Satz gebunden, dass alle Deutsche vor dem Gesetz gleich sind (Art. 109), noch dass die Richter unabhängig und dem Gesetz unterworfen sind (Art. 102) ... dass alle Bewohner des Reichs volle Glaubens- und Gewissenfreiheit genießen, dass die Kunst, die Wissenschaft und ihre Lehre frei sind (Art. 142). Alles das sind nicht etwa Neuerungen der Weimarer Verfassung. Es ist Gemeingut aller modernen Völker geworden, seitdem am 4. Juli 1776 die Vereinigten Staaten von Amerika ihre Unabhängigkeit verkündet haben.»

153 Abgeordnete von anderen Parteien als der NSDAP und Hugenbergs Deutschnationalen verschafften der Vorlage die notwendige Zweidrittelmehrheit. Die 81 kommunistischen Abgeordneten waren nicht anwesend, ihnen hatte eine Verordnung die Parlamentssitze entzogen. Sie waren ohnehin im Gefängnis oder auf der Flucht. Von den 120 gewählten Sozialdemokraten konnten nur 94 mit nein stimmen. Die anderen waren auf dem Weg ins Ausland oder in Haft. Das Nein wurde von Otto Wels im Namen «der Grundsätze der Menschlichkeit und der Gerechtigkeit, der Freiheit und des Sozialismus» ausgesprochen. Alle anderen Fraktionen waren erklärtermaßen gegen die «Marxisten» und für die freie Marktwirtschaft – und stimmten für die Abschaffung jeder politischen Freiheit.

Als ich 1960 für Theodor Heuss einen Vortrag an der Sorbonne veranstaltete, war meine Beziehung zum Altbundespräsidenten herzlich. Nur durfte ich das Ermächtigungsgesetz nicht ansprechen, dem auch er als liberaler Reichstagsabgeordneter zugestimmt hatte. Und doch sagte ich zur Zeit der Großen Koalition, die Sünden des jungen Juristen Kurt-Georg Kiesinger, der doch ständig heimlichen Unterricht in freiheitlichem Recht gegeben hatte, seien trotz seiner Propaganda-Beteiligung im Auswärtigen Amt weniger bedeutend als das politische Versagen vom 23. März 1933.

Das andere Verschulden war die sofortige Bekehrung würdiger

Berufsstände zum Nationalsozialismus. Seit Jahrzehnten wird die notwendigerweise ungenau zu beantwortende Frage gestellt: Wer wusste was von Auschwitz? In meinen Augen wiegt die wissende Abdankung, die Anerkennung des Rassismus schwerer. 1994 durfte ich beim 100. Kongress der Deutschen Gesellschaft für Innere Medizin in Wiesbaden die Festrede halten. Ich bat vorher um einiges Archivmaterial, das mir ohne Schwierigkeiten zur Verfügung gestellt wurde. Erfüllt von einer Reue-Stimmung, die noch näher zu beschreiben sein wird, hörte die Versammlung ziemlich bestürzt zu, wie weit es bereits gekommen war, als ihr Kongress vom 18. bis 21. April 1933 ebenfalls in Wiesbaden tagte. Schon in der Eröffnungsrede hatte es geheißen:

«Die heutige Tagung steht am Beginn einer neuen Ära. Die gewaltigen Umwechslungen, welche die in voller Auswirkung begriffene nationale Revolution mit sich bringt, haben auch unsere Gesellschaft ergriffen. Der für die diesjährige Tagung gewählte Vorsitzende, Herr Lichtwitz, hat in Würdigung der geänderten Verhältnisse die Leitung abgegeben.

Wir Ärzte können in ganz besonderem Maße übersehen, welche Gefahr dem deutschen Volke drohte ... Die große nationale Sammlung und Einigung hat endlich auch im Ärztestand die Möglichkeit einer gründlichen Neuordnung geschaffen ... Gerade vor dem Forum unserer Gesellschaft müssen erbbiologische Fragen eine besondere Berücksichtigung erfahren ... Die gesamte Ärzteschaft beschäftigt sich heute mit Eugenik ... Ich begrüße mit besonderer Freude die Wiederherstellung des Hausarztes, der dazu berufen ist, die Gesundheitspflege und Rassenhygiene in der Familie im alten Sinn wieder aufzunehmen.»

Später folgt ein Absatz, von dem ich 1994 sagte, dass man nicht wisse, ob man ihn ein wenig mutig oder besonders abscheulich finden sollte:

«Bei aller Schärfe der als notwendig erkannten Maßregeln zur Erhaltung der deutschen Rasse und Kultur dürfen wir aber nicht vergessen, dass gerade auf dem Gebiet der Medizin mancher in Deutschland ansässig gewordene Fremdstämmige uns vieles gab. Ich denke z. B. an Ehrlich, Neisser, Minkowski, v. Wassermann. Man kann wohl annehmen, dass der lange Einfluss äußerer Verhältnisse, vor allem das Zusammenleben mit der deutschen Rasse und deren Lebens- und Denkart, von erheblicher Bedeutung für die Entwicklung dieser Persönlichkeiten war. Wir werden die großen und bedeutenden Leistungen solcher Männer auch in Zukunft achten.»

Die Berufsorganisationen haben ihre jüdischen Mitglieder ohne Protest ausgeschlossen und sich nicht weiter um deren Schicksal gekümmert. Das war außerhalb Deutschlands nicht anders. In Frankreich ließen Richter, Anwälte, Ärzte ebenfalls ihre Kollegen ausschließen. In einem Punkt ist man noch weiter gegangen.

In Deutschland gab es eine gewisse Abstufung der Zugehörigkeit zum Judentum. Als mein Vater den jüdischen Kollegen und Freunden seine Emigration ankündigte, hieß es: «Aber warum? Das alles ist doch nur für die Polacken!» (Ein Ausdruck, der ab 1945 in Bayern für die Flüchtlinge und Vertriebenen aus dem Osten gebraucht werden sollte.) Am 4. Juni 1933 druckte das *Berliner Tageblatt*, dessen jüdische Verleger im April von ihren Posten verjagt worden waren, eine Erklärung des geschäftsführenden Vorstandsmitglieds des «Verbandes deutschnationaler Juden» ab. Darin hieß es, in Wahrheit würden die deutschen Juden heute nicht für ihre «Bosheit» bestraft, sondern für ihre Gleichgültigkeit und Schwäche, denn «sentimentale» Schwäche sei es gewesen, wenn sie sich nicht entschließen konnten, gegen die Ostjuden mit der Härte einzuschreiten, die für jeden Deutschen selbstverständliche Pflicht gewesen sei.

In Frankreich war es der Präsident des zentralen Konsistoriums, beruflich Vorsitzender des *Conseil d'État*, des obersten Verwaltungsgerichts, der im Oktober 1940, nach der Verkündung der ersten antijüdischen Gesetze der Vichy-Regierung, an das Staatsoberhaupt Marschall Pétain schrieb: «Die Reaktion auf diese Invasion (der vom Nationalsozialismus Vertriebenen) ist immer beunruhigender geworden. Trotz der Warnungen des französischen Judentums haben die Regierungen von Frankreich nichts unternommen – im Gegenteil –, um diese Gefahr zu bannen. Die Reaktion auf diese Invasion von Fremden drückt sich in einem normalen (!) Antisemitismus aus, dessen Opfer nun die alteingesessenen französischen Familien israelitischer Religion sind.» Er schlug vor, alle öffentlichen Ämter nur denen offen zu lassen, die drei französische Großeltern hätten – also Antisemitismus durch Fremdenfeindlichkeit zu ersetzen!

Und doch gab es in Deutschland von Anfang an Widerstand, der mit aller Härte verfolgt und niedergedrückt wurde. Einer der Nachteile bei der ständigen Hervorhebung des Attentats vom 20. Juli 1944 ist die Überschattung aller Kämpfe, die bereits vor 1944 von unten und nach unten geführt worden sind. Die ersten Konzentrationslager wurden bereits im Frühling 1933 eingerichtet und gefüllt. Um dort inhaftiert zu werden, musste jemand wie Kurt Schumacher gar nichts unternommen haben: Er war der junge Abgeordnete, der den Nationalsozialismus 1932 im Reichstag als den «Appell an den inneren Schweinehund im Menschen» gekennzeichnet hatte. Mit wenigen Unterbrechungen blieb er dann Lagerinsasse bis Kriegsende. Die ausführlichste Darstellung der verschiedenen Widerstände und der Repression veröffentlichte Günter Weisenborn bereits zu Beginn der fünfziger Jahre unter dem Titel *Der lautlose Aufstand*.

Man hat viel länger warten müssen, bis man sich ein klareres Bild davon machen konnte, wie viele nichtjüdische Deutsche Juden geholfen haben. Die Tatsache, dass gegen das Werk von Konrad Löw «*Das Volk ist ein Trost*». *Deutsche und Juden 1933–1945 im Urteil jüdischer Zeitzeugen* nach seinem Erscheinen 2006 heftig polemisiert wurde, gehört in ein anderes Kapitel. Nicht aber die Frage, was die Deutschen über das Schicksal der Juden wussten. Gewiss hatten die meisten keine Kenntnis davon, welche schreckenden Verbrechen beabsichtigt waren und dann durchgeführt wurden; in jüngster Zeit hat unter anderem Peter Longerich diese *Politik der Vernichtung* (1998) dargestellt, zuletzt 2008 in seinem tief beeindruckenden *Heinrich Himmler*.

Dass man hätte mehr wissen können, wenn man hätte mehr wissen wollen, das wird in der vielleicht bewegendsten Novelle der Nachkriegszeit beschrieben. *Das Brandopfer* von Albrecht Goes erzählte 1954 die Geschichte einer Metzgersfrau, die am 10. November 1938 nicht weiter nachfragt, als ihr Mann, Mitglied der freiwilligen Feuerwehr, ihr erklärt, man habe den Brand der Synagoge nicht gelöscht, weil dazu kein Wasser zur Verfügung gestanden habe. Sie geht langsam an ihrem Nicht-haben-mehr-wissen-wollen zugrunde.

Es ist nicht immer leicht, im Rückblick eindeutig zu beurteilen, welche Handlungsspielräume die Menschen damals hatten und wie sie sie genutzt haben, wie stark der Widerstand angesichts des verbreiteten Versagens ins Gewicht fällt. Man darf jedoch überzeugt sein, dass ein Plädoyer wie *Widerstand in Österreich, 1938–1945* (2007) nicht alle negativen Tatsachen verwischt, die das 1986 erschienene Werk *Verdrängte Schuld, verdrängte Sühne. Entnazifizierung in Österreich 1945–1955* enthielt. Muss aber ständig versucht werden, alles Heldenhafte zu verneinen? Ein Buch über die Geschwister Scholl hat niemanden überzeugen können, Wolf Gruner ist es mit *Widerstand in der Rosenstraße* (2005) besser gelungen. Tatsächlich trifft ein Teil der übermittelten Fakten zum Widerstand der christlichen Ehefrauen verhafteter jüdischer Männer nicht zu. Doch trotz aller Bemühungen, das Handeln dieser Frauen herabzusetzen, muss der Autor ihnen viel (seltenen) Mut zugestehen.

Am kompliziertesten, am differenziertesten ist die langwierige Debatte über die Wehrmacht. Die gute, ja oft ritterliche Armee gegenüber der verbrecherischen SS: Diese schöne Legende konnte man schon lange für erledigt halten; gleichwohl wird sie unterschwellig noch 2009 im ansonsten gut und richtig gestalteten Film *Walküre* verbreitet. Dennoch sollte man sich vor Pauschalurteilen hüten. Helmut Schmidt hat selber ehrlich bekannt, wie schizophren er als junger Wehrmacht-Offizier gewesen sei, tagsüber für Hitler kämpfend, abends dessen Niederlage wünschend. In einer Laudatio auf meinen Freund Klaus von Bismarck kritisierte ich, dass er in seiner Notiz im deutschen *Who's who?* das Ritterkreuz aufführte, das er sich als Oberst verdient hatte. Er erwiderte, die von ihm befehligte Einheit habe an keinem Verbrechen teilgenommen, was sicher der Wahrheit entsprach, aber gewiss nicht auf alle Einheiten zutreffen konnte.

Bereits das Buch von Christian Streit *Keine Kameraden. Die Wehrmacht und die sowjetischen Kriegsgefangenen* (1978) hatte viel Furchtbares zutage gefördert, darunter die Weisung des Reichswehrministeriums vom Februar 1933: «Morsches im Staat muß fallen, das kann nur mit Terror geschehen ... Aufgabe der Wehrmacht: Gewehr bei Fuß. Keine Unterstützung, falls Verfolgte Zuflucht bei der Truppe suchen.» Es folgten Mengen von genauen Untersuchungen, und trotz eingestandener Fehler hat die Wehrmachtausstellung Tausende von Besuchern überzeugen können, dass sich nicht behaupten lässt, die Wehrmacht sei unschuldig geblieben.

Pauschal sollte man jedoch auch nicht in die andere Richtung urteilen. Die jungen Soldaten der Waffen-SS waren nicht als potenzielle Mörder ausgewählt, sondern den mörderischen Einheiten nach ihrer Ausmusterung auf Verlangen Himmlers zu einem normalen Dienst zugeordnet worden. Das wollte man beim Besuch von Helmut Kohl und Ronald Reagan auf dem Militärfriedhof Bitburg einfach nicht wahrhaben. Als später Günter Grass seine Mitgliedschaft in der Waffen-SS zugab, hätte er verkünden sollen, seine einzige Sünde sei nicht die Zuordnung zu dieser Truppe gewesen, der Ende 1944 etwa 900 000 Mann aus dem In- und Ausland angehörten, sondern seine Be- und Verurteilung des damaligen Kanzlers, wo er doch hätte öffentlich sagen sollen: «Hier hätte auch mein Grab sein können.»

Das Hin- und Hergeschobenwerden hat besonders Unfreiwillige betroffen, nämlich die Zwangseinverleibten aus dem Elsass und aus den baltischen Staaten. Das Schicksal der Elsässer ist hervorragend dargestellt worden in dem vierteiligen ARTE-Fernsehfilm *Die Elsässer* und nun in den lebendigen Erinnerungen von Eugène Kurz *Zwangsrekrutiert. Ein Elsässer in Hitlers Armee* (2009). Da in den baltischen Staaten auch die Sowjetunion zwangsrekrutiert hatte, standen sich dort Landsleute in zwei feindlichen Armeen gegenüber.

Das Problem der Elsässer musste zwar in Frankreich erklärt werden, aber es betraf nicht den Kern französischen Unverstehens deutscher Besonderheiten. Es war und ist noch immer nötig, das eigentliche Dilemma jedes deutschen Widerstandes in der Kriegszeit zu verdeutlichen. In Frankreich, in Belgien, in Jugoslawien kämpfte man zugleich für das Vaterland und gegen den Nazismus. In Deutschland musste man für die Niederlage des Vaterlands kämpfen, damit dieses wieder ein menschliches Gesicht erhalte. Sophie Scholl ging so weit, auch Kleider und Lebensmittel für die Ostfront zu verweigern, um nicht Hitlers Niederlage noch hinauszuzögern.

War Widerstand also Verrat? Einer der größten Theatererfolge der ersten Nachkriegszeit war 1946 Carl Zuckmayers Drama *Des Teufels General*, weil es diese Frage auf eindrückliche Weise zum Thema machte. Im Stück sabotiert ein Offizier der Flugwaffe Maschinen seiner Kameraden, um die Niederlage Hitlers zu beschleunigen. (Der Film mit dem grimassenschneidenden Curd Jürgens schwächte die Tragik ab: Die Sabotage verhinderte bereits den Start.)

Für mich klärte sich die Frage durch meine Korrespondenz mit dem Vorsitzenden der baden-württembergischen CDU, Hans Filbinger, der schon nicht mehr Ministerpräsident war. (Ich hatte ein wenig zu seinem Sturz beigetragen, indem ich die Junge Union Baden in einer Rede aufforderte, gegen ihn Stellung zu beziehen.) Mein abschließender Brief lautete am 30. Januar 1979 folgendermaßen:

«Ein Missverständnis gibt es: ich habe nie behauptet, dass Sie im Rückblick – oder sogar auch damals – das von Hitler oder vom ‹Reichsrechtsführer› besonders geschaffene ‹Recht› betrachten oder betrachtet haben. Wohl aber weisen Sie weiterhin meinen wesentlichen Punkt zurück: Das Dritte Reich war kein Rechtsstaat. Dieser hat spätestens am 23. März 1933 aufgehört zu existieren, wie das das BVerfG hervorragend in seinem 131er-Urteil hervorgehoben und bewiesen hat. Somit sind für mich sowohl Ihre damalige Grundeinstellung als auch Ihre Rechtfertigung im Rückblick nicht annehmbar.

Ich lese z.B. in Ihrer Stellungnahme zum Urteil gegen Gröger (*Die Zeit* vom 12.5.): ‹Der Matrose Gröger war unstreitig und rechtskräftig fahnenflüchtig geworden … Mir ist keine Nation der Welt bekannt in der Fahnenflucht im Krieg nicht mit der Höchststrafe bedroht würde.› Aber was für ein Krieg? Wie begonnen? Wie auf Kosten der totalen Zerstörung Deutschlands nicht beendet? War da der Matrose nach ‹normalem› Recht hinzurichten?

Schlimmer ist für mich der Fall Petzold. Im von Ihnen gezeichneten Urteil vom 19. Juni 1945 hieß es u.a.: ‹Es ergibt sich, daß der Angeklagte bislang in der Batterie sich einwandfrei verhalten habe und als Unteroffiziersanwärter vorgesehen war. Seit dem 1. Mai habe er sich jedoch aufsässig und undiszipliniert gezeigt, obwohl er ehemaliger HJ-Führer war. Demonstrativ habe er von dem Hoheitsabzeichen seiner Mütze und seines Uniformrocks das Hakenkreuz entfernt. Bei seiner Vorbildung hätte der Angeklagte in den kritischen Tagen ein Vorbild für seine Kameraden sein sollen, statt dessen hat er zersetzend und aufwiegelnd für die Manneszucht gewirkt.› In Ihrem SWF-Fernsehinterview vom 12. Juli 1978 heißt es dann: ‹Das ist eine historische Tatsa-

che, daß derjenige, der damals Urteile verhängt hat wegen Gehorsamverweigerung, wegen Widerstand usw., daß der etwas objektiv Richtiges, Sinnvolles, ja Notwendiges getan hat.› Anstatt damals im Gefangenenlager zunächst einmal alle Hakenkreuze entfernen zu lassen, die Unrechtstaat, Mord und Elend des Vaterlands symbolisierten! ...
Im selben Interview heißt es: ‹Fühlen Sie sich schuldig? – Unter gar keinen Umständen. Ich habe meine Pflichten erfüllt.›
(Ich konnte mir nicht untersagen, noch einen Absatz hinzuzufügen)
Darf ich Sie auf Ihre Rede von 1960 am Grabe der Opfer von Brettheim hinweisen, in der Sie eindringlich und überzeugend die These verteidigen, die seit je die Meinige ist? Die Sinnlosigkeit des Kampfes im letzten Monat, das Verschwinden des normalen Rechts im totalitären Staat. Sie sagten: ‹Es fällt kein Schatten auf die Haltung dieser (die nicht mehr unsinnig kämpfen wollten und dafür mit dem Tode bestraft wurden), deren Opfergang wir heute ehren.› Fühlen Sie wirklich nicht die geringste Schuld (wenigstens im Sinn der moralischen Schuld), wenn Sie diese Rede noch einmal lesen und auf den Satz stoßen: ‹Sie (die Hingerichteten) haben ihre Verlassenheit überstanden und sind geläutert worden. Das bezeugen ihre letzten Gespräche mit den Männern, die ihre Richter und zugleich Henker geworden sind.› Henker: Sie gebrauchen das Wort, nicht ich.»
(Muss ich erwähnen, dass ich die Grabrede auf Hans Filbinger anders gestaltet hätte als die, die 2008 gehalten wurde?)

Die Diskriminierung der Juden, die Jagd auf die Juden, die versuchte Vernichtung aller greifbaren Juden fußten auf einem Antisemitismus, der gewiss nicht neu war, aber der noch nie zu solchen extremen Konsequenzen geführt hatte. Was waren seine Quellen? Gewiss wurden die «Untermenschen» in der nationalsozialistischen Rassenlehre als nicht nur niedrige, sondern schädliche Spezies definiert, sodass sich daraus leicht ableiten ließ, man müsse sie wie Bazillen aus dem gesunden Körper des germanischen Herrenvolks entfernen und vertilgen. Aber es ist unwahrscheinlich, dass der rassistische Antisemitismus Fuß gefasst hätte ohne die lange, starke Tradition des christlichen Antisemitismus, den man nicht verschönert, indem man ihn Antijudaismus nennt.

Wenn nun in den letzten Jahrzehnten ein Ausdruck wie «jüdisch-christliche Versöhnung» verwendet wird, so sollte man darüber erstaunt sein. Versöhnung heißt Überwindung gegenseitiger Vergehen. Was haben denn eigentlich die Juden zwei Jahrtausende lang den Christen angetan? Außer ganz am Anfang, als es Streit zwischen verschiedenen jüdischen Gruppen gab. Die einen hielten am Judentum fest, die anderen gaben es auf, um sich als Anhänger des auferstandenen Jesus aufzufassen, besonders wenn sie von Paulus überzeugt worden waren, dass alle Menschen zum Heil berufen seien und dass Christus Heiden wie Juden aufgefordert hatte, ihm zu folgen. Die jüngere Forschung hat glücklicherweise gezeigt, dass diese Streitigkeiten und nicht der wörtlich diktierende Geist Gottes die schlimmsten Stellen der Evangelien gezeitigt haben, insbesondere den Schrei der Juden in Matthäus 27, 25: «Da rief das ganze Volk: Sein Blut komme über uns und unsere Kinder!»

Le peuple déicide – das gottesmörderische Volk: Der Begriff ist auch nach der Shoah nicht sofort, nicht ganz verschwunden. Jules Isaac, der französische jüdische Historiker, der sich für jüdisch-christliche Verbrüderung eingesetzt hat, erreichte beim Verleger des Bestsellers *Jésus en son temps* (Jesus in seiner Zeit), dass ein Absatz darin gestrichen wurde. Der Autor Daniel-Rops (Pseudonym für Henry Petiot), ein sehr erfolgreicher katholischer Schriftsteller, hatte 1946 geschrieben:

«In allen Ländern, in denen sich die jüdische Rasse im Lauf der Jahrhunderte ausgebreitet hat, kommt das Blut über sie und ewig hallt das ‹Kreuzige ihn› aus dem Praetorium des Pilatus und überdeckt den tausendfach wiederholten Angstschrei ... Israel hat es sicherlich nicht in der Hand, seinen Gott, den es nicht erkannt hatte, nicht zu töten. Und wie das Blut auf wundersame Weise nach Blut ruft, ist es auch nicht Sache der christlichen Nächstenliebe zu verhindern, dass der Schrecken des Pogroms im ausgleichenden Willen Gottes den unerträglichen Schrecken des Kreuzes aufwiegt.»

Der Glaube an das vererbte Verbrechen hat den Judenhass geschürt. Aber ebenso die aus der Schrift abgeleitete Überzeugung, dass die Parusie, die zweite und letzte Erscheinung Christi, erst stattfinden könne, wenn alle Juden Christen geworden seien. Die katholische Kirche hat sich vor dem Zweiten Vatikanischen Konzil nie mit dem Gedanken der Toleranz anfreunden können. Erst das schöne Dokument *Dignitatis humanae* vom 7. Dezember 1965 hat jeden Zwang in Glaubensfragen verboten. Am 27. November hatte das Dokument *Nostra aetate* im Prinzip den katholischen Antisemitismus zu Grabe getragen. Aber nach wie vielen Jahrhunderten!

Das Dritte Laterankonzil hatte den Juden 1179 das Tragen eines gelben Lappens auferlegt. Seitdem 1536 in Venedig das erste jüdische Ghetto eingerichtet worden war, gab es an vielen Orten Ghettos. Juda Löw Baruch, der sich Ludwig Baruch und dann Ludwig Börne nannte, hat seine Kindheit im Frankfurter Ghetto verbracht. Er schrieb später, dass er sich als Weltbürger fühlte, weil die Welt für ihn am Anfang nur aus wenigen Gassen zu bestehen schien. Und auch, dass er seinen Einsatz für die Freiheit erst wirklich produktiv habe machen können, als er seinen Namen geändert und sich christlich habe taufen lassen. In Rom hatte Papst Pius IX. zunächst in seiner liberalen Periode 1849 das Ghetto abgeschafft, dann wiedereingerichtet, bevor es 1871 von der italienischen Republik, die auch die Juden endlich als echte Bürger anerkannte, endgültig aufgehoben wurde.

Der oft mörderische Druck auf die Juden schwankte zwischen dem Rassismus des Blutes und dem Zwang zur Konversion. Unter

Johannes Paul II. konnte wegen der neuen, vom Zweiten Vatikanischen Konzil verkündeten Beziehung zu den Juden in letzter Minute verhindert werden, dass die spanische Königin Isabella heilig gesprochen wurde. Sie hatte sich den Namen «die Katholische» erworben, weil oder obwohl sie 1492 alle Juden aus Spanien ausgewiesen hat, um die Reinheit des kastilischen Blutes zu bewahren. Ansonsten hat Spanien eher *autodafés* veranstaltet, sprich: Scheiterhaufen errichtet für Ketzer und für Juden, die sich nicht hatten bekehren lassen wollen oder die das Verbrechen begangen hatten, ihre Religion nach der erzwungenen Taufe heimlich weiter oder wieder zu praktizieren.

Simon Wiesenthal hat 1986 das bedrückende Buch *Le livre de la mémoire juive* veröffentlicht (deutsch 1988: *Jeder Tag ein Gedenktag. Chronik des jüdischen Leidens*), das für fast jeden Tag des Jahres den Verbrechen der NS-Zeit diejenigen vergangener Jahrhunderte gegenüberstellt. Nicht notwendigerweise in kausaler Verbindung, doch wenigstens als Hinweis auf die Judenmorde im Namen Christi. Der Eintrag zum 26. Mai lautet zum Beispiel: «1171 – Die ganze jüdische Gemeinde von Blois an der Loire endet auf dem Scheiterhaufen. Grund ist die erste Ritualmord-Anklage in Frankreich. – 1942: In Minsk trifft ein Transport mit 1000 jüdischen Deportierten aus Wien ein. Sie werden sofort zu Gruben außerhalb der Stadt gebracht und dort erschossen.»

Die Integration der Juden ist in Stufen erfolgt, mit vielen Rückschlägen. Moses Mendelssohn etwa war der bewunderte «Angelpunkt der Aufklärung» und durfte das Vorbild für Lessings *Nathan der Weise* sein. Die Ringparabel (der echte Ring gehört dem, der bei seinen Mitmenschen am beliebtesten ist) sollte heute in allen ethnisch und religiös gemischten Schulklassen gelesen werden, allerdings mit der beschwichtigenden Erklärung: Kein christlicher Geistlicher wiederholt heutzutage ständig: «Der Jude wird verbrannt!»

Dennoch glaubte Mendelssohns mittlerer Sohn Abraham Salomon, sich zum Christentum bekehren zu müssen, und nannte sich danach Mendelssohn Bartholdy. Er gab seinem eigenen Sohn den verheißungsvollen Vornamen Felix, und in der Tat führte dieser ein zwar kurzes, aber glückliches Leben. Es wäre wünschenswert, dass im Mendelssohn-Jahr 2009 nicht nur seine Musik gespielt und seine Rolle bei der Wiederentdeckung von Johann Sebastian Bach gewürdigt wird. Man sollte auch daran erinnern, dass sein Name nicht mehr an den Straßen stehen durfte (unter anderem an meiner Frankfurter Geburtsstraße) und dass er, hätte er Anfang der vierziger Jahre gelebt, den gelben Stern hätte tragen müssen und wahrscheinlich in einem Lager umgekommen wäre.

Der Antisemitismus des 19. Jahrhunderts war stark und mit dem Nationalismus eng verbunden. Exemplarisch dafür steht der Historiker Heinrich von Treitschke, dessen Formel «Die Juden sind unser Unglück» zum Schlagwort der Nazi-Zeit werden sollte. Das *Knaur-Konversationslexikon* stellt ihn richtig vor: «Mit seiner politischen Publizistik und seinen historischen Arbeiten, in denen er einem aggressiven, preußisch-deutschen Nationalismus das Wort redete, prägte er das Geschichtsbild des nationalen Bürgertums und das Deutschlandbild im Ausland. Um 1880 Führer der akademischen Berliner Antisemiten.»

Dass dieser Antisemitismus nach 1945 nicht mehr hoffähig war, ist unbestritten, wo sogar das *Spiel von der Passion des Jesus von Nazareth* im bayerischen Oberammergau, seit seiner Gründung im 17. Jahrhundert antijüdisch belastet, «politisch korrekt» geworden ist. Es kommt nun sogar zum Ausdruck, was seit langem anstatt ‹Die Juden haben Jesus getötet› in allen christlichen Katechismen hätte stehen sollen: nämlich dass Jesus Jude war und Maria Jüdin! Die Veränderung darf aber nicht vergessen lassen, wie es mit dem christlichen Antisemitismus kurz vor und während der Hitler-Zeit gestanden hat und wie sich seit deren Ende insbesondere die katholische Kirche daran erinnert.

Auf evangelischer Seite war gewiss die Barmer Erklärung vom

31. Mai 1934 ein Akt des Mutes. Aber das Wort Jude wurde darin wissentlich vermieden, was Karl Barth später bedauert hat. Der Widerstand der Bekennenden Kirche den deutschen Christen gegenüber war bewunderungswert, aber die Haltung vieler deutscher Theologen blieb weiterhin so judenfeindlich wie zuvor. Aus der scharfen Analyse von Robert P. Erickson *Theologen unter Hitler* (1986) sei nur ein Zitat entnommen. Es stammt von dem damals bekannten und einflussreichen Theologieprofessor Gerhard Kittel, der in der «Tübinger Vorlesung: die Judenfrage» noch vor der Machtergreifung sagte und schrieb:

«Nicht darum handelt es sich, ob einzelne Juden anständige oder unanständige Juden sind; auch nicht, ob einzelne Juden ungerechterweise zugrunde gehen oder ob einzelnen damit recht geschieht. Die Judenfrage ist nicht die Frage der einzelnen Juden, sondern die Frage des Judentums, des jüdischen Volkes. Und dazu darf, wer ihr auf den Grund gehen will, nicht zuerst fragen, was aus dem einzelnen Juden, sondern was aus dem Judentum werden soll.»

Ein anderes Beispiel: Am 12. November 1938, drei Tage nach der Kristallnacht, gab es einen Aufruf des Landkirchenrates der Thüringer Evangelischen Kirche, «am Bußtag in allen Gottesdiensten zu verlesen». Es hieß darin: «Der feige Mord eines Juden an dem Gesandtschaftsrat vom Rath hat unser gesamtes deutsches Volk aufs tiefste empört. Dieses Verbrechen erhellt schlagartig, worum es heute im christlichen Abendland geht. Es geht um den weltgeschichtlichen Kampf gegen den volkszersetzenden Geist des Judentums. Der Nationalsozialismus hat in unserer Zeit diese Gefahr am klarsten erkannt ... Aufgabe der Kirche in Deutschland ist es, aus christlicher Verantwortung in diesem Kampf treu an der Seite des Führers zu stehen.»

Auf katholischer Seite vergaßen manche Bischöfe nach Kriegsende, was sie vorher gesagt oder geschrieben hatten. Im September 1945 veröffentlichte der Erzbischof von Freiburg, Conrad

Groeber, einen ausführlichen Hirtenbrief, mit dem er auf die umlaufenden Anschuldigungen antwortete, die Bischöfe hätten sich nicht genug gegen den Wahnsinn des Dritten Reiches gewehrt. Wer diese Schrift liest, kann sich nicht vorstellen, dass derselbe Würdenträger 1937 ein *Handbuch der religiösen Gegenwartsfragen* herausgegeben hatte, in dem es heißt, der Bolschewismus sei «ein asiatischer Staats-Despotismus im Dienste einer Gruppe jüdisch-geleiteter Terroristen». Und im Artikel über Kunst wird behauptet, deren Politisierung sei dem «entwurzelten und atheistisch entarteten Judentum» zuzuschreiben. In einem früheren Hirtenbrief vom März 1941 hatte der Erzbischof den Juden schlechthin den Tod Jesu vorgeworfen und war zu dem Schluss gelangt: «‹Sein Blut komme über uns und unsere Kinder› – der Selbstfluch der Juden hat sich furchtbar erfüllt. Bis auf den heutigen Tag.»

Ein anderer, einflussreicher Geistlicher, Bischof Hudal, Rektor der deutschen Kirche in Rom (und wichtiger Mitverhandler des Konkordats) erklärte, die Nürnberger Gesetze seien «eine unumgängliche Notwehrmaßnahme». Er erinnerte daran, dass nicht die Kirche, sondern der liberale Staat die Ghettomauern überall abgebaut hatte. «Die Grundsätze des modernen Staates, nachdem alle Menschen vor dem Gesetz gleich sind, die erst durch die Französische Revolution geschaffen wurden, sind vom Standpunkt des Christentums und des Volkstums nicht die besten.»

So riefen auch die österreichischen Bischöfe, Kardinal Innitzer an ihrer Spitze, am 18. März 1938, ein Tag nach dem Anschluss, die Katholiken auf, Hitler bei der Volksabstimmung ein massives Ja zu geben: «Aus innerster Überzeugung und mit freiem Willen ... erkennen wir freudig an, dass die nationalsozialistische Bewegung auf dem Gebiet des völkischen (!) und wirtschaftlichen Aufbaus Hervorragendes geleistet hat und leistet.» Dies weniger als ein Jahr nach der Enzyklika *Mit brennender Sorge*, die den Rassismus verurteilt hatte.

Die meisten deutschen Bischöfe indes schwiegen. Auch Kardinal Graf Galen stellt keine Ausnahme dar. Das Argument, er habe mit seinem flammenden Protest gegen die Ermordung geistig Behinderter doch einiges erreicht, sollte die Frage aufwerfen, warum er nicht in ähnlicher Weise für die zum Tod bestimmten Juden protestiert hat. Was Pius XII. angeht und die immer noch fortdauernde Debatte um sein Schweigen, so bleibe ich bei dem, was ich als Nachwort zum Buch von Saul Friedländer zu diesem Thema geschrieben habe: nämlich dass jeder Papst notwendigerweise zugleich Antigone und Kreon zu sein hat. Das heißt, er muss einerseits die Grundwerte des Christentums und der Nächstenliebe verkünden, andererseits die ihm anvertraute Herde beschützen. Und Pius XII. ist recht wenig Antigone gewesen.

Aber bereits sein Vorgänger Pius XI. hatte nicht auf den flehenden Brief reagiert, den Edith Stein am 12. April 1933 an ihn richtete. Darin drückt sie die Hoffnung aus, dass «die Kirche Christi ihre Stimme erhebe», und sie fragt, ob die «Vergötzung der Rasse und der Staatsgewalt» nicht «eine offene Häresie» sei und «der Vernichtungskampf gegen das jüdische Blut eine Schmähung der allerheiligsten Menschheit unseres Erlösers, der allerseligsten Jungfrau und der Apostel».

Nicht einmal Johannes Paul II. hat es über sich gebracht, eine Schuld der Institution zuzugeben. Die deutschen Bischöfe waren ihm mit gutem Beispiel vorangegangen, wenn auch etwas spät. 1975 verabschiedete die gemeinsame Synode der Diözesen der Bundesrepublik eine Resolution, in er es hieß:

«Wir sind das Land, dessen jüngste politische Geschichte von dem Versuch verfinstert ist, das jüdische Volk systematisch auszurotten. Und wir waren in dieser Zeit des Nationalsozialismus, trotz beispielhaften Verhaltens einzelner Personen und Gruppen, aufs ganze gesehen doch eine kirchliche Gemeinschaft, die zu sehr mit dem Rücken zum Schicksal dieses verfolgten jüdischen Volkes weiterlebte, deren Blick sich zu stark von der Bedrohung ihrer eigenen Institutionen fixieren ließ und die zu sehr zu den an Juden und Judentum verübten Verbrechen geschwiegen hat.»

Im selben Sinn äußerten sich dann 1995 die französischen Bischöfe und 2000 die Schweizer. Doch als Johannes Paul II. am 26. März 2000 auf bewegende Weise einen Zettel in die Jerusalemer Klagemauer steckte, enthielt der darauf geschriebene Text keine Anerkennung der Schuld der Kirche als Institution. Es hieß lediglich: «Wir sind zutiefst betrübt über das Verhalten derer, die Ihnen im Lauf der Geschichte Leid zugefügt haben; Ihnen, die Deine Kinder sind. Wir bitten Dich um Vergebung und wollen uns dazu verpflichten, in echter Freundschaft mit dem Volke Deines Bundes zu leben.»

Auch in Frankreich war der Antisemitismus am Ende des 19. Jahrhunderts virulent, vor allem zur Zeit der Dreyfus-Affäre. Nicht wenigen wurde die Schuld des Hauptmanns schon dadurch bewiesen, dass er Jude war. Als solcher konnte er doch kein echter französischer Offizier sein und war zum Verrat geradezu veranlagt. Alle Beweise seiner Unschuld prallten an so einer Überzeugung ab. Besonders exponierte sich die katholische Tageszeitung *La Croix* (Als Akt der Reue hat die Zeitung, deren ständiger Mitarbeiter ich seit 1955 bin, dem Historiker Pierre Sorlin ihre Archive voll geöffnet; er veröffentlichte dann 1967 das beschämende Buch ‹La Croix› *et les Juifs 1880–1899*).

Im Oktober 1890 schrieb der Chefredakteur, ein Leser habe zu Recht vorgeschlagen, man solle den Juden ein Ausländerstatut geben und sie, sofern sie weiterhin Hass zeigten oder erzeugten, des Landes verweisen. Vorher hatte er selber geschrieben: «Wir fordern nicht, dass das gottesmörderische Volk niedergemacht wird, wir fordern aber einen Aderlass seines Goldes, das das Blut unseres Volkes ist.» Und er bewunderte das zaristische Russland ausdrücklich dafür, dass es Juden den Zutritt zu den Universitäten und dem öffentlichen Dienst versperrte. Als schließlich die *Cour de cassation*, der Oberste Gerichtshof, das Urteil gegen Alfred Dreyfus aufhob, veröffentlichte der talentierte antisemitische Zeichner Forain eine Karikatur, auf der ein mit «jüdischer Nase» versehener Richter in Robe die Stange der französischen Fahne auf seinem Knie zerbricht. Titel der Zeichnung: *cassation*.

Zu einem politischen Aufschwung des Antisemitismus kam es dann aber nicht, und sei es nur, weil die nationale Einheit, die die Gemeinsamkeit in den Schützengräben stiftete, ehemals republikverneinende Katholiken, vaterlandsverneinende Proletarier und vorher verfemte jüdische Offiziere und Soldaten weitgehend zusammenkommen ließ. Der Antisemitismus blieb auf die extreme Rechte konzentriert, die jedoch anwuchs, als der jüdische Sozialistenchef Léon Blum 1936 eine von der KP unterstützte Volksfront-Regierung bildete. Die Beschimpfungen, denen er sich im Parlament ausgesetzt sah, wurden nur ungenügend gerügt. Merkwürdiger war jedoch, dass Regierungschef Édouard Daladier es 1938 unterließ, seine jüdischen Minister zu einem Gala-Essen für Hitlers Außenminister Joachim von Ribbentrop einzuladen, um den Staatsgast nicht zu provozieren.

Dieser kleine Kompromiss der Dritten Republik war wenig im Vergleich zu der antijüdischen Gesetzgebung, die die Regierung von Marschall Pétain verabschiedete, bevor sie von Hitler überhaupt dazu aufgefordert wurde. Die Literatur über Vichy und die französischen und ausländischen Juden wächst ständig, aber keines der Bücher deutet darauf hin, dass Pétains Politik auf eine breite Zustimmung in der Bevölkerung und in Institutionen wie den Kirchen stieß. Im Gegenteil: Neben den harschen Protesten dieses oder jenes Bischofs gab es selbst bei denen, die Pétain rühmten, viel Unterstützung für die Rettungsaktionen für Juden, insbesondere für jüdische Kinder. Dank dieser Aktionen und dank der Hilfe vieler Franzosen haben mehr als zwei Drittel der jüdischen Bevölkerung Frankreichs Hitler überleben können.

Die französischen Mörder waren unter den Sondereinheiten zu finden. Es waren Mitglieder der *milice*, die die jüdischen ehemaligen Minister Jean Zay und Georges Mandel am 20. Juni und am 7. Juli 1944 entführt und ermordet haben. Trotz aller Kompromisse und Selbstpreisgaben stellt sich die Schuldfrage in Frankreich anders als in Deutschland, was nicht bedeutet, dass sie keinen Einfluss auf die Haltung Israel gegenüber hat.

Auf deutscher Seite ist in den letzten Jahren die Klage immer lauter geworden, man habe jahrzehntelang das Leiden der eigenen Bevölkerung heruntergespielt, vernachlässigt und insbesondere in der Debatte um die Schuldfrage ausgeklammert. Meine Antwort aus Frankreich war eine doppelte. Es stimmt heute noch, dass die Pariser gar nicht ahnen, welches Glück ihre Stadt gehabt hat, fast völlig verschont geblieben zu sein, und es müsste eine *Place du Général Choltitz* geben, der ja Hitlers Zerstörungsbefehl nicht ausgeführt hat.

Aber wer hat je in Deutschland von der Kriegszerstörung der Städte in der Normandie gesprochen? Caen zu 78%, Vire zu 85%, Coutances zu 65% mit dem Tod von 28% der Bevölkerung. Und nicht nur in der Normandie: Das Lied *Barbara* von Jacques Prévert und Joseph Kosma, eine der bekanntesten Nachkriegsschöpfungen, endet mit *de Brest/dont il ne reste/rien* (Brest, von dem nichts übrig bleibt).

Die deutschen Kriegsgefangenen haben in Südfrankreich gehungert, und viele sind an Hunger gestorben (eine kanadische Legende über ihre Zahl und die angebliche Absicht dahinter ist allerdings völlig widerlegt worden), dies jedoch zu einer Zeit, wo wir in diesem Südfrankreich auch kaum etwas zu essen hatten. Es sind tatsächlich bis Ende 1947 1800 dieser Gefangenen (gegenüber 500 Franzosen) beim Minenräumen umgekommen, aber dieses Thema wurde von deutscher Seite wenig angesprochen.

Wichtiger ist für mich, dass das Schweigen über das deutsche Leiden keineswegs total war. In einem unserer Gespräche konnte ich Erika Steinbach sagen, dass mein erstes, im Januar

1953 erschienenes Deutschlandbuch *(L'Allemagne de l'Occident 1945–1952)* auf die Bombardierung Hamburgs und Dresdens einging und vor allem auf das tragische Schicksal der zwölf Millionen Vertriebenen (wie in meinen Reden und Schriften vorher und nachher unter Hinweis auf die Tatsache, dass auch und vor allem Gebiete betroffen waren, die sogar der strenge Versailler Vertrag als deutsch anerkannt hatte).

Es ist wahr, dass es eine deutsche Schüchternheit gegeben hat, das Erlittene systematisch darzustellen. Eine Bilanz des Geschehens, wie die 591 Seiten von Jörg Friedrichs *Der Brand*, hätte früher kommen können und sollen als 2002, wenn auch einige Grundfragen dann eher 2007 von A. C. Grayling in *Waren die alliierten Bombenangriffe Kriegsverbrechen?* gestellt worden sind. An Dresdens furchtbare Zerstörung wurde 2005 in würdiger Form erinnert. Die Aussöhnung war da schon längst im Sinne der Nachkriegssymbolik vollzogen worden durch die beispielhafte Partnerschaft zwischen Dresden und Coventry, der ersten von der Luftwaffe zerstörten britischen Stadt. Und der Wiederaufbau der Frauenkirche brachte den Willen zum Frieden zum Ausdruck, nicht den zum Zorn oder zur Rache.

Dieser Wille lag auch der immer wieder zu Recht zitierten Charta der Heimatvertriebenen von 1950 zugrunde, aber die Rolle der Landsmannschaften und des Bundes der Vertriebenen ist nicht gerade zu allen Zeiten die friedenschaffendste gewesen. Schon lange bevor ein Vergleich mit dem Schicksal der vertriebenen Palästinenser akut wurde, habe ich ständig die Frage gestellt, warum die Kinder und Enkel der Vertriebenen sich noch Vertriebene nennen durften, was deren Anzahl steigen anstatt schwinden ließ.

Wegen meines Buches bin ich bereits 1953 von den Leitern der Sudentendeutschen Landsmannschaft nach München eingeladen worden. Die Diskussion war hart, vor allem weil ich feststellen musste, dass die meisten meiner Gesprächspartner Henlein-Leute gewesen waren. Entsprechend fand die Diskussion um Rückkehr als Prinzip und um Rückgabe als Forderung viel mehr mit der Tschechischen Republik statt als mit Polen.

Bei der Wiedervereinigung schließlich hätte man sich besser die französische Geschichte zum Beispiel genommen. Als der Graf von Provence 1815 als Ludwig XVIII. aus dem Exil zurückkam, sagte er den von der Revolution enteigneten Prinzen, *indemnisation* gehe vor *restitution*, und er schuf einen Fonds zur Zahlung der Entschädigungen. In Deutschland wurde hingegen das Prinzip «Rückgabe vor Entschädigung» festgelegt und ermunterte entsprechende Forderungen nach außen; die Wechselwirkungen zwischen Einheitsvertrag und Forderungen nach Prag sollten deshalb einmal näher untersucht werden. Die Sprache des Bundes der Vertriebenen, den Erika Steinbach, 1943 in Westpreußen geboren, seit 1998 leitet, und die der palästinensischen Vertreter einander gegenüberzustellen gehört in ein anderes Kapitel.

Erst um die Jahrtausendwende schien man in Deutschland von den Leiden der Vertreibung in Form von Erfahrungsberichten zu sprechen. In Wirklichkeit war schon viel erzählt und beschrieben worden. Als Marion Dönhoff 1971 den Friedenspreis des Deutschen Buchhandels erhielt, las man mehr denn je das Buch, das «die Gräfin» über ihre Flucht veröffentlicht hatte. Es stimmt zwar, dass der Untergang der *Wilhelm Gustloff* mit seinen vielleicht 9000 Opfern eine «verdrängte Tragödie» war, wie der Titel des betreffenden Kapitels in dem Sammelwerk *Die Flucht* heißt, das 2002 von Stefan Aust und Stephan Burgdorff herausgegeben wurde. Aber es hatte doch bereits in den vorigen Jahrzehnten Darstellungen von manchen menschlichen Flucht- und Vertreibungstragödien gegeben.

Diese Darstellungen waren allzu oft von einem doppelten Vergessen gekennzeichnet. Eines Sonntags in den sechziger Jahren stellte Werner Höfer die Gäste seines «Internationalen Frühschoppens» vor – die Ausländer waren alle in Deutschland geboren. Höfer erklärte seine Auswahl: «Heute feiern wir den Tag der Heimat.»

Ich möchte nur daran erinnern, dass die Heimatvertreibungen 1933 und nicht 1945 begonnen haben.» Und wie groß sind doch die Bestrebungen der Regierung und des Parlaments gewesen, die Integration der Vertriebenen so schnell und so gründlich zu vollziehen wie nur möglich. 1995 hat Richard von Weizsäcker erzählt, wie man ihm als Bundespräsidenten hatte verbieten wollen, das Wort *Lastenausgleich* für die «neuen Länder» zu verwenden, obwohl die junge und noch arme Bundesrepublik einen solchen Ausgleich zugunsten der deutschen Neuankömmlinge durchgeführt hatte.

Manches Zögern, deutsches Leiden herauszustellen, ist einer Sorge entsprungen, die leicht zu verstehen ist: Werden die düsteren Beschreibungen nicht benutzt werden, um das von Deutschen zugefügte Leiden zu relativieren, vielleicht sogar zu bagatellisieren? Es trifft zu, dass der Vergleich mit den Verbrechen Anderer, sei es gegen Deutsche oder gegen andere Opfer, zu einer mit Bitterkeit aufgeladenen Gegenanklage nicht-deutscher Schuld führen kann. Aber das ist nun wirklich kein ausreichender Grund, um jeden Vergleich abzulehnen.

Vergleichen

Es gibt einen verbotenen Vergleich. In Deutschland wie in Israel heißt es allzu oft, die Shoah, die «Endlösung» dürfe man nicht vergleichen. Dabei sollte doch bedacht werden, dass zwei deutsche (und auch französische) Wörter schlicht sinnlos sind, nämlich «undenkbar» *(impensable)* und «unvergleichbar» *(incomparable)*.

Wenn man etwas als «undenkbar» bezeichnet, so beweist man, dass man es gerade gedacht und nur diesen Gedanken von sich gewiesen hat. Ebenso beweist «unvergleichbar», dass man das Besagte verglichen hat und es an die Spitze einer positiven oder negativen Hierarchie stellt: In seiner Vortrefflichkeit oder in seinem Grauen sei es radikal anders. Aber diese Andersheit, selbst die radikale, kann nur legitimerweise behauptet werden, nachdem sie festgestellt wurde, festgestellt durch den Vergleich.

Es sei denn, es handele sich gar nicht darum, Andere von einer Einzigartigkeit ohne Vergleich zu überzeugen, aber dann geht es darum, ihnen das eigene Glaubensbekenntnis aufzuzwingen. Warum jedoch sollte ein Armenier, ein Indianer, ein Aborigene, ein Ukrainer zu einem solchen Glaubensakt bereit sein? Rein logisch sollte man doch Vergleiche anstellen mit deutschen Verbrechen gegen Andere als Juden, mit Verbrechen Anderer gegen Gemeinschaften oder Völker, um zu begründen, was das Besondere der Shoah ausmacht. Die notwendigste Erörterung, weil ja der

Vergleich seit Jahrzehnten ständig umstritten ist, gilt Stalins Sowjetunion.

In und bei Minsk ist ein Vergleich möglich, ein Unterschied auffallend. Das ehemalige Dorf Chatyn ist eine Gedenkstätte geworden. Dort verbrannte das SS-Bataillon Dirlewanger am 22. März 1943 alle Häuser und 149 Einwohner – bei lebendigem Leibe. Heute stehen symbolisch Betonschornsteine an der Stelle jedes einzelnen Hauses, darin eingraviert sind jeweils die Namen und das Alter der dort Verbrannten. Ein großes Denkmal stellt einen alten Mann dar, der die Leiche eines Kindes in den Armen hält. Auf dem Gelände erinnert außerdem ein «Friedhof der Dörfer» an die 186 anderen weißrussischen Ortschaften, die dasselbe Schicksal erlitten haben. Ein Viereck von drei Bäumen soll durch den leeren Platz zeigen, dass ein Viertel der Bevölkerung des Landes in der Kriegszeit umgekommen ist.

Die Gedenkstätte wurde von demselben jüdischen Architekten gestaltet wie die für das Minsker Ghetto; dort stellt eine Skulptur eine Kette von Juden dar, die zu ihrer Erschießung in eine Grube hintersteigen. In dieser Grube wurden während des Krieges alle fassbaren Juden von Minsk getötet, nur weil sie Juden waren, gewissermaßen am Rande des Kriegsgeschehens. Und genau darin liegt der Unterschied: Weißrussen wurden nicht getötet, weil sie Weißrussen waren, es hing mit der deutschen Kriegsführung zusammen und natürlich mit dem rassistischen Menschenbild der Nazis. Auch in dem bewegenden Film von Louis Malle *Auf Wiedersehen, Kinder* wird den jungen oder älteren Zuschauern klar, dass der Junge, der zusammen mit dem katholischen Priester und Schuldirektor, der ihn versteckt hatte, verhaftet wird, um dann deportiert zu werden, nur deshalb gejagt worden war, weil er Jude war.

Auf anderen Kontinenten sind Massenmorde begangen worden, die sich ebenfalls nur gegen eine bestimmte ethnische Gruppen richteten: in Australien, in Mittelamerika zur Zeit der spanischen Eroberung. In Nordamerika überlebten weniger Indianer als Juden in der ganzen Welt. Der Vergleich sollte hier mehr den Versuch einer systematischen, organisierten Ausrottung betreffen als die Opferzahlen oder das Gelingen.

Ist eine solche Überlegung berechtigt beim Vergleich zwischen Hitler-Deutschland und der Sowjetunion? Hier muss man aus dreierlei Gründen vorsichtig verfahren. Der erste betrifft die Reaktion mancher Deutscher seit Kriegsende. Es gab und gibt eine gewisse Genugtuung, von den sowjetischen Sünden zu erfahren oder von ihnen zu sprechen. Kann man doch dadurch den Vorwurf, den Nationalsozialismus unterstützt oder wenigstens ertragen zu haben, mit einem «Na, die doch auch – und denen sagt man nichts!» abtun.

Der zweite Grund geht weiter. Rechtfertigt man nicht im Rückblick die Auffassung derer, die den Bolschewismus als Hauptfeind betrachteten, als Träger des Bösen schlechthin? Kardinal Pacelli vor und nach seiner «Papstwerdung» als Pius XII. kann in seiner Haltung, seiner Vorsicht, seinem Schweigen, nicht erklärt werden ohne seine tiefe Überzeugung, dass die Hauptgefahr für die Kirchen, für die Gläubigen, für die abendländische Kultur aus dem Osten kam. Admiral Dönitz war sich sicher, dass die Westalliierten derselben Auffassung waren, er ihnen also anbieten konnte, nach Hitlers Tod gemeinsam gegen die Sowjetunion vorzugehen.

Er irrte sich nur halb. Zwar wurde er gezwungen einzusehen, dass die USA und Großbritannien zunächst gemeinsam mit dieser Sowjetunion den totalen Sieg über das Hitler-Deutschland erringen wollten. Aber nach dem Sieg – der nur total sein konnte, wenn es keine Regierung Dönitz mehr gab – bereitete man sich heimlich auf eine Konfrontation mit dem Verbündeten vor, dem man zwar effizient geholfen hatte, der nun jedoch als Bedrohung betrachtet wurde.

In dem vielleicht besten Buch über die erste Nachkriegszeit,

Off limits. Roman der Besatzung Deutschlands, 1955 erschienen, lässt Hans Habe seinen «positiven Helden» Frank mit dessen Vorgesetzen Colonel Hunter diskutieren. Frank bittet um seine Entlassung aus der Armee: «Sie wissen, dass ich bereit war, bei Ihnen zu bleiben, solange Sie meine Dienste brauchten. Bis heute früh dachte ich nicht daran, zu gehen. Die Freilassung des Generals Stappenhorst (ein Kriegsverbrecher) beweist mir, dass ich hier nichts mehr verloren habe. Ich habe in der Illusion gelebt, dass dieser Krieg ein Kreuzzug war. Ich möchte mir diese Illusion bewahren.»

Hunter antwortet: «Sie wissen genau, warum wir Stappenhorst freilassen. Wir brauchen ihn. Es ist nicht unser Fehler, dass sich unsere Verbündeten von gestern von Tag zu Tag mehr als bedrohliche Feinde entpuppen. Sie können sich Ihre Feinde nicht aussuchen, Frank.» Darauf dieser: «Aber zweifellos unsere Verbündeten. Zuerst haben wir zusammen mit den Kommunisten Krieg geführt gegen die Nazis. Wollen wir jetzt mit den Nazis Krieg führen gegen die Kommunisten?» Hunter antwortet: «Wir wollen überhaupt nicht Krieg führen, aber es kann sein, dass er uns aufgezwungen wird.»

Dieser Gedanke hat damals die amerikanischen Behörden (wie auch zur gleichen Zeit die sowjetischen) dazu geführt, SS-Leute, Wissenschaftler, Experten der Kriegsführung gegen den neuen Feind als nützlich und verwendbar zu betrachten. Die Konsequenz war, dass man damit Nazi-Verbrechen herunterspielte und der Vergleich mit der Sowjetunion zu deren Ungunsten ausfiel.

Der dritte Grund, den Vergleich vorsichtig zu handhaben, betrifft mögliche Folgerungen, wie sie beim «Historikerstreit» im Mittelpunkt standen. War nicht der bolschewistische Wille, Klassen zu vernichten, ähnlicher Natur wie Hitlers Idee, Rassen – wenigstens eine Rasse – zu vertilgen? Dazu die unwiderlegbare Feststellung von Ernst Nolte: Lenin war vor Hitler da! Darf man deshalb hinzufügen: *post hoc, ergo prosper hoc* (nach dem, also wegen dem)? Die Antwort Noltes war ein klares «Nein, aber doch, aber doch nicht, aber immerhin». Hitlers Handlungen seien eigentlich Gegenmaßnahmen gewesen, denn die Bolschewisten hatten ja angefangen.

Eine weitergehende Gleichsetzung ist mir einmal auf Schloss Hambach begegnet. Ich sollte für einen Zahnärztekongress sprechen, weigerte mich aber, es zu tun, bevor nicht ein Transparent am Eingang entfernt werde: «Rassenmord, Klassenmord, Kassenmord». Der Klang war schön, das dritte Wort in diesem Bezug skandalös, die beiden ersten zumindest in ihrer Gleichsetzung diskutabel.

Im Dezember 2008 erhielt der russische Politologe und Schriftsteller Victor Zaslavsky in Bremen den Hannah-Arendt-Preis der Heinrich-Böll-Stiftung für sein Buch *Klassensäuberung. Das Massaker von Katyn* (2007). Meine Laudatio fiel etwas kritisch aus. Gewiss waren in Katyn Abertausende polnische Offiziere und andere Mitglieder der polnischen Elite ermordet worden. Aber bei der Deportation und Tötung ganzer Völker waren keine Unterschiede gemacht worden zwischen «oben» und «unten». Wenn hier eine Führungsschicht vernichtet werden sollte, dann eher, um etwaigen Aufständischen keine qualifizierten Organisatoren zu überlassen, und weniger, um dem Volk nach dem Ausschalten der Bourgeoisie alle Macht zu geben.

Im Umfeld des merkwürdig geführten Historikerstreits, in dem guten Historikern häufig vorgeworfen wurde, sie hätten gesagt, was sie gar nicht gesagt hatten, sind zwei Begriffe als grundsätzlich negativ dargestellt worden, die man doch hätte genauer und besser verwenden können: *Historisierung* und *Banalisierung*. Beides sei, auf die Shoah bezogen, skandalös.

Wenn mit «historisieren» gemeint sein soll, einen historischen Gegenstand mit unmenschlicher Empfindungslosigkeit zu behandeln, so dürfte man in der Tat empört sein. Aber welcher Historiker hat je seinen Stoff ohne Werturteile ausgewählt und untersucht, hat je Unmenschliches und Menschliches als ebenbürtig kalt dargestellt? Historisieren bedeutet zunächst, dass die Fakten immer mehr in der Vergangenheit liegen, vor allem wenn es keine lebenden Zeugen mehr gibt – was den Historikern die Verantwortung der Vermittlung überlässt. Dies unter Verwendung der kritischen Methoden ihres Fachs. Der Philosoph Emmanuel Mounier schrieb einmal an einen jungen Journalisten, er solle *chaud à l'inspiration, froid à l'enquête* sein – warm in der Eingebung, kalt in der Erforschung. Das gilt auch für das «Historisieren» furchtbarer Geschehnisse.

«Banalisieren» hat zwei sehr verschiedene Bedeutungen. Aids zu banalisieren mag heißen: «Es handelt sich um eine Krankheit unter vielen. Messen wir ihr nicht allzu viel Bedeutung zu», oder: «Es ist eine furchtbare Krankheit. Lassen wir aber nicht zu, dass die Grausamkeit dieser Krankheit die Plagen Krebs oder Drogenabhängigkeit aus unserem Bewusstsein und aus unserer Politik verdrängt.» Im ersten Fall heißt banalisieren bagatellisieren; im zweiten Fall heißt es, ein Monopol des Furchtbaren abzusprechen.

Im Dezember 1997 fand eine Tagung in Krakau statt, ausgerichtet vom Centre européen de Recherche et d'Action sur le Racisme et l'Antisémitisme und dem Centre européen de Recherche sur la Shoah, l'Antisémitisme et le Génocide; Titel der Veranstaltung: *Les enseignements d'Auschwitz. De l'antisémitisme au racisme, au nettoyage éthnique et au génocide* (Die Lehren aus Auschwitz. Vom Antisemitismus zu Rassismus, ethnischen Säuberungen und Genozid). War das eine «Bagatellisierung»? Es gab Sitzungen über die Shoah, die beiden anderen Genozide des 20. Jahrhunderts – Armenien und Ruanda –, Verbrechen und Repression im kommunistischen System und einen Besuch in Auschwitz und Birkenau. Die Überlebenden anderer Verbrechen als der Shoah sollten nicht gewissermaßen in die Banalität herabgesetzt werden. Dies galt insbesondere für die Überlebenden der sowjetischen Gräueltaten.

Die letzte Bilanz des Vergleichs zog 2009 der von Michael Geyer und Sheila Fitzpatrick herausgegebene Sammelband *Beyond totalitarianism: Stalinism and nazism compared*. Leider fehlen in den Beiträgen und in der zusammenfassenden Einleitung eine Reihe wichtiger Elemente, und sei es nur die nicht leichte Definition dreier Begriffe. Das Wort Faschismus ist recht unklar. Sicher ist, dass Mussolinis Bewegung faschistisch war, weil sie sich selber als solche bezeichnete. Aber Hitler und Mussolini unter demselben Begriff einzuordnen bedeutet eine Verniedlichung des Nazismus und lässt auch den wesentlichsten Unterschied zwischen den beiden beiseite. Für Mussolini waren der Staat und seine Macht das Hauptziel, für Hitler war der Staat nur ein Mittel, um die Herrschaft der «arischen Rasse» zu erreichen.

Der Begriff des Antifaschismus diente dann den kommunistischen Regimes als Rechtfertigung, wobei jeder Gegner des Faschismus bezichtigt wurde. In seiner nüchternen Ernst-Bloch-Biographie *Der Hintern des Teufels* (1985) zeigt Peter Zudeick, auf welche Weise sich der Philosoph in der DDR äußerte, etwa unter dem Titel *Marx und die bürgerlichen Menschenrechte*: «Die Freiheit dient dem Monopolkapital nur noch dazu, um in ihrem Namen den Faschismus einzuführen.» Als er dann in den Westen ging, wurde er selber zum «Deserteur, Renegat, Verräter, Betrüger, gefährlichem Verbrecher», der zu den Faschisten übergelaufen war.

Mit dem Begriff des Totalitarismus haben Hannah Arendt und Carl Friedrich für viel Verwirrung gesorgt. In meinen Augen hat es bisher nur ein wirklich totalitäres Regime gegeben, nämlich das der «roten Khmer» in Kambodscha. Um totale Macht auch über die Geister zu erreichen, wurden Familien auseinandergerissen, die Namen zwangsverändert, jeder Bezug zu einer gemeinsamen Vergangenheit zerstört, alle «Wissenden» getötet.

Dennoch kann man mit Abstrichen auch andere Systeme als totalitär bezeichnen. Hitler-Deutschland war dabei weniger totalitär als Stalins Sowjetunion: Die Nischen waren zahlreicher und breiter, die Kulturzerstörung begrenzter. Das Gleiche gilt auch, trotz Stalins Einfluss, für die DDR. Als Beispiele könnten die Geschichte der *Frankfurter Zeitung* angeführt werden, von 1933 bis zu ihrem Verbot 1943, oder die der evangelischen Kirche selbst zur Zeit Walter Ulbrichts. Die Konsequenz dieser Feststellung sollte sein, dass der Einzelne in solchen Systemen allerdings auch mehr Verantwortung trägt, als wenn die Gesellschaft «totalitär» vereinheitlicht ist.

Gleichwohl unterwarfen beide Regime den Einzelnen der Gemeinschaft. «Du bist nichts, dein Volk ist alles» war die ideologisch zutreffende Formel von Joseph Goebbels. Die Unterwerfung wurde durch die echte Verwandlung vollzogen, die Einordnung der eigenen Persönlichkeit. Niemand hat das besser gezeigt als Eugène Ionesco in seiner satirisch-tragischen Komödie *Rhinocéros*. Die ständige Überwachung, die Allgegenwart des Auges des «großen Bruders», wie sie George Orwell in *1984* beschrieben hat, war in der Sowjetunion wiederum ausgeprägter als im Hitler-Deutschland.

Das Verhalten der beiden Tyrannen war ebenfalls recht verschieden. Stalin ähnelte anderen Tyrannen der Geschichte, Hitlers Unbarmherzigkeit war ideologischer. Er glaubte mehr, was er sagte, und handelte im Sinne seiner unmenschlichen Überzeugungen. Stalins Zynismus hatte andere Quellen. Aber beide übten eine ziemlich unbeschränkte Allmacht aus. Verbrechen konnten ungestört befohlen und ausgeführt werden. Insofern ist der Begriff des Totalitarismus verwendbar, wenn er sich auf die Ausübung der politischen Macht bezieht, das heißt das Gegenteil der pluralistischen Demokratie bezeichnen soll.

Allerdings ist nicht jede pluralistische Demokratie nur von überzeugten Demokraten bevölkert, also von Menschen, die bereit sind, den Anderen, den Nachbarn und Mitbürger im Notfall gegen Demokratiefeinde in Schutz zu nehmen. Der Vergleich zwischen Dänemark und Holland als besetzte Länder ist in diesem Zusammenhang aufschlussreich. Ohne vorherige Organisation, nur in der Überzeugung, helfen zu müssen, wurden 90 % der dänischen Juden im Oktober 1943 nach Schweden hinübergerettet. Bürger aus den verschiedensten gesellschaftlichen Schichten beteiligten sich an dieser Aktion.

Unterstützt wurden sie durch die Stellungnahme der dänischen Kirche. In einem landesweit in den Kirchen verlesenen Hirtenbrief hieß es: «Wir sind uns bewusst, dass wir uns als Staatsbedienstete nach den jeweils in der Gesellschaft herrschenden Organen richten müssen. Wenn jedoch die Gesetze der Gesellschaft den Gesetzen Gottes widersprechen, werden wir die letzteren wählen.» (Man muss hinzufügen, dass die Aktion nicht hätte gelingen können ohne den als Schifffahrtsexperten an der deutschen Gesandtschaft in Kopenhagen angestellten Georg Ferdinand Duckwitz, dem es gelang, «verräterisch» die Dänen zu informieren und die Unterstützung der schwedischen Regierung zu erreichen. 1955 wurde er bundesdeutscher Botschafter in Dänemark.)

Wenn hingegen nur 25 000 der 140 000 niederländischen Juden die Shoah überlebt haben, so weil die demokratische holländische Verwaltung an den deutschen Aktionen mitgewirkt hat. Die heute jedenfalls in Frankreich immer mehr gelesene, geistdurchdrungene Etty Hillesum gehörte zu denen, die dem System zum Opfer fielen. (Wiederum eine nachdenkliche Randbemerkung: Weil die katholischen Bischöfe in Holland gegen die Deportationen protestiert hatten, wurden zur Rache auch Ordensschwestern jüdischer Herkunft, unter ihnen Edith Stein, verhaftet und nach Auschwitz geschickt.)

Es ist auch nicht so, dass Menschen, die von keinem undemokratischen System direkt in Anspruch genommen werden, nicht dennoch an Verbrechen teilnehmen können, die von einem solchen angeordnet werden. Litauen hat unter der sowjetischen, dann unter der deutschen Besatzung sehr gelitten. Aber als in Vilnius (Wilna), dem «Jerusalem des Nordens», die Juden massenweise ermordet oder deportiert wurden – nur circa 10% der 200 000 überlebten –, haben nicht wenige Litauer an den Verbrechen teilgenommen, woran ich auch mein litauisches Publikum erinnert habe. Ebenso hatten sich 1915 nicht wenige Kurden an der Tötung der verschleppten Armenier beteiligt.

Und auch Demokratien können, im eigenen Land oder woanders, Verbrechen unterstützen oder sich an ihnen beteiligen. Der Belgische Kongo war zwar Privatbesitz König Leopolds, aber die Millionen Versklavten und Toten wurden der belgischen Ausbeutung der Gummibäume geopfert. Als am «anderen 11. September», nämlich 1973, Salvador Allende gestürzt wurde und dann Abertausende «Linke» ermordet, waren der Präsident der großen amerikanischen Demokratie und vor allem deren Außenminister Henry Kissinger die Mit- oder sogar Hauptschuldigen. Inwiefern solche Überlegungen Israel betreffen, soll noch näher erläutert werden.

Der Vergleich zwischen der Sowjetunion und Hitler-Deutschland betrifft natürlich die Natur das Ausmaß der Verbrechen. Eigentlich sollte der Vergleich immer auch die Verbrechen des roten Chinas beinhalten, auch wenn das erste große Sterben unter Mao weder geplant noch beabsichtigt war. Der «große Sprung nach vorne» beruhte auf einer ideologischen Entscheidung: Plötzlich sollten überall Hochöfen entstehen, um eine beschleunigte Industrialisierung zu erreichen. Die Folge war jedoch eine katastrophale Unordnung, Lebensmittel und Ernten der Bauern wurden beschlagnahmt, sie selber gezwungen, unnütze Mikrostahlwerke zu errichten, anstatt ihre Felder zu bestellen. Das kostete zehn Milliarden landwirtschaftliche Arbeitsstunden. So starben von 1959 bis 1962, je nach Schätzungen der Experten, zwischen zwanzig und fünfzig Millionen Menschen an Hunger und Elend.

Schon vorher und nachher, sogar bis heute, sind riesige Konzentrationslager errichtet worden, in denen Millionen von «Volksfeinden» gratis schuften mussten. Sie mochten an Hunger und Überarbeitung sterben, fabrizierten (und fabrizieren) aber billige Ware. Die «Kulturrevolution» war zunächst eine beabsichtigte «Säuberung» der Partei von allen potenziellen Kritikern des «großen Steuermanns». Die sich daraus ergebende Jagd auf Intellektuelle und Künstler hätte eigentlich bei den europäischen «Maoisten» Abscheu erwecken sollen. Man fand jedoch eher positiv, dass die Studenten zur Landarbeit gezwungen, die Künstler gedemütigt wurden. Auch hier kann es keine exakte Zahl der Opfer geben. Die Schätzungen schwanken zwischen zwei und vier Millionen Toten und noch mehr Millionen Verstümmelten und (oder) geistig auf immer Zerstörten. Genauere Zahlen könnten nur aus Archiven gewonnen werden, die entweder gar nicht mehr bestehen oder nicht zugänglich sind.

Die ständige Berufung auf eine ideologische Grundlage, die angeblich im weitverbreiteten «kleinen roten Buch» (der Mao-Bibel) zusammengefasst war, verschleierte den monomanischen, aber schwankenden Willen des unbarmherzigen Tyrannen. Da diese Ideologie der in der Sowjetunion herrschenden ähnelte, sollte der Vergleich Hitler/Stalin auch Mao hinzuziehen, was nur selten der Fall ist, und sei es nur, weil der Vergleich im Allgemeinen nur innerhalb Europas diskutiert wird.

Der *Holodomor*, der Hunger-Genozid in der Ukraine, war geplant und regelrecht organisiert. Nicht nur wurden die Ernten systematisch geplündert, überall suchte man nach Nahrungsmitteln, um sie zu kassieren. Zudem wurden die Grenzen geschlossen, damit keine Lebensmittel in die Ukraine gelangen konnten. Die Zahl der durch Hunger oder Brutalitäten Gestorbenen liegt zwischen vier und sechs Millionen.

Dieses Verbrechen geschah 1932/33. Zuvor hatte es auf dem ganzen Gebiet der Sowjetunion den Kampf gegen die «Kulaken», die Bauern, gegeben. Zwischen 1930 und 1932 brachte die Zwangskollektivierung der Landwirtschaft Millionen von Deportationen und Hunderttausende Einlieferungen in Lager, deren Errichtung unter Lenin begonnen hatte. Wie viele Hinrichtungen und Deportationen der «Große Terror» 1937/38 gezeitigt hat, ist schwer zu beziffern. Mehr als eine Million gewiss. Während des Kriegs von 1941 bis 1945 wurden ganze Völker deportiert, darunter die Wolga-Deutschen und die Tschetschenen. Als Stalin starb, umfasste der «Gulag» mehrere tausend Lager.

Am 26. Januar 2006 beriet die parlamentarische Versammlung des Europarats über eine Empfehlung zur Erinnerung an die Verbrechen der kommunistischen Regime. Die Archive sollten geöffnet und die Schulbücher entsprechend gestaltet werden. Eine Verabschiedung scheiterte allerdings an der erforderlichen Zweidrittelmehrheit, weil alle kommunistischen, neokommunistischen und russischen Abgeordneten sowie ein Teil der Sozialisten und Sozialdemokraten dagegen stimmten.

Im folgenden Jahr ließ Wladimir Putin ein Geschichtsbuch für die Schulen anfertigen, das Stalin rühmte, unter anderem, weil er durch die Säuberungen das Entstehen einer effizienten Verwaltung erlaubt habe. Im Oktober 2008 verabschiedete das Europa-Parlament hingegen eine Resolution, die das «schreckliche Verbrechen am ukrainischen Volk und gegen die Menschlichkeit» brandmarkt.

Macht es einen Unterschied, ob ein Massenmord erinnert oder verschwiegen wird? Gewiss nicht, denn es sagt ja nichts über Natur und Ausmaß der Verbrechen aus. Der Anspruch auf das radikale Anderssein der Shoah beruht doch auf dem Willen zur Ausrottung, auf ihrer weitgehend gelungenen Durchführung dank einer systematisch organisierten Jagd auf alle – auch Kinder –, die man als Juden bezeichnen konnte. In anderen Fällen wurden sozusagen zusammengeballte Bevölkerungen in einen Vernichtungsprozess überführt.

Es gibt eine weitere Unterscheidung, die einerseits überzeugend, andererseits nur mit Vorsicht zu verwenden ist. Nirgendwo anders ist ein derartiges Verbrechen von einem so kulturreichen Volk begangen worden, von Menschen, die dieser Kultur doch angehörten, an Menschen, von denen viele diese Kultur gerade mittrugen und sogar mitschufen. Ein Vorwand des Antisemitismus in Deutschland war gerade, dass die Juden einen zu großen Platz im Kulturleben eingenommen hätten. Es liegt eine schreckliche Ironie darin, dass diese kulturelle Verschmelzung die genaue, die bewegende Beschreibung des Horrors erleichtert. Warum sind heute noch die meisten Memoiren und Romane von Überlebenden oder Nachkommen oder auch Schriftstellern des Westens geschrieben? Weil Millionen Opfer oder Überlebende anderer Verbrechen schon vorher arme, weitgehend entrechtete Menschen gewesen sind, deren sprachlicher und kultureller Zugang zu Verlegern und Medien recht begrenzt blieb.

Gerade deshalb sollte eine Gefahr nicht unterschätzt werden, die die Absolutsetzung der Shoah mit sich bringt: nämlich dass das Leiden und Massensterben von Russen, von Chinesen, von Afrikanern mit einer gewissen Portion Rassismus als weniger wichtig betrachtet wird. Die furchtbare Eigenart der Shoah wird uns zu Recht stets durch Filme, Sendungen, Bücher, Reden in Erinnerung gebracht. Sie sollte uns aber nie anderes Leiden übersehen lassen. Besonders wenn es von beiden verbrecherischen Regimes verursacht wurde. Der Besuch des Museums der Besatzungen (Plural!) in Riga erlaubt einen Einstieg in eine solche Betrachtung.

Diese wiederum führt zurück zum Vergleich. Eine wichtige Komponente wird im Allgemeinen übergangen. Warum wurden junge oder weniger junge Menschen Kommunisten oder Nationalsozialisten? Die Werte, auf die man sich bezog, waren nicht dieselben. Gewiss waren gemeinsame Formeln vorhanden. «Brot und Freiheit» hieß das Ziel in der kommunistischen Propagan-

da, entsprechend lautete die zweite Strophe des Horst-Wessel-Lieds:
Die Straße frei den braunen Bataillonen!
Die Straße frei dem Sturmabteilungsmann!
Es schau'n aufs Hakenkreuz voll Hoffnung schon Millionen.
Der Tag für Freiheit und für Brot bricht an.
Die angesprochene Freiheit war aber nicht dieselbe. Frei sollte im einen Fall das durch Versailles unterdrückte deutsche Volk werden, damit es als arisches Herrenvolk minderwertige Völker beherrschen könne. Frei und gleich sollten im anderen Fall alle gesellschaftlich unterdrückten Arbeiter, Angestellten und Bauern werden. Hier handelte es sich um eine Freiheit, in deren Dienst sich auch viele junge Leute aus der Bourgeoisie stellten, die sich in ihren materiellen und geistigen Privilegien unwohl fühlten. Sie wurden betrogen und belogen, aber die Motive ihres Eintritts in die «Partei des Proletariats» waren zutiefst moralisch.

Die Verblendungen hochangesehener Intellektueller bleiben hingegen schwer verständlich. Jean-Paul Sartre hat 1956 die Aufständischen von Budapest nicht als Faschisten bezeichnet, wie es die KPF tat, aber noch 1954 behauptete er nach einer (wohlorganisierten) Reise in die Sowjetunion, dass dort die Freiheit der Kritik unbegrenzt sei. Er ist nur *fellow traveller* gewesen. Ehemalige Parteimitglieder haben später gesagt, sie hätten damals doch nur geschrieben, was die Partei ihnen verordnet hatte, so zum Beispiel die zur Ikone des Liberalismus gewordene Annie Kriegel. Ebendies gab sie in ihren Memoiren als Antwort auf die ziemlich anekelnden Zitate von ihr, die ich in meinem Buch *Verbrechen und Erinnerung* gebracht habe.

Als 1989 ein Leser der jüdischen Monatszeitschrift *L'Arche* beklagte, dass sie eine ehemalige harte Kommunistin als Mitarbeiterin habe, antwortete die Redaktion: «Es schert uns wenig, ob unsere Mitarbeiter dieses oder jenes gewesen sind. Sie sollen lediglich ihren Platz in der Zeitschrift des französischen Judentums *(judaïsme)* haben ... Wir lehnen jede ungesunde Introspektion der Vergangenheit ab.» Wäre die Antwort ebenso ausgefallen, wenn es sich um einen ehemaligen nationalsozialistischen Schriftsteller und Militanten gehandelt hätte?

Wie aufrichtig oder nur parteihörig war ein Intellektueller wie Stefan Heym, der dann als Alterspräsident des vereinten Deutschen Bundestags der Meinung war, er habe sich nichts vorzuwerfen? Er hat die Mauer als «antifaschistischen Schutzwall» bis zum Schluss verteidigt. Und nach dem 17. Juni behauptete er, die Demonstranten seien «keine Deutschen und keine Arbeiter, sondern etwas, das man aus dem Leibe der Nation auspresst wie Eiter aus einem Furunkel».

Die Unterwürfigkeit konnte bis zur Übernahme des Antisemitismus gehen, der während der letzten Jahre Stalins in Moskau besonders ausgeprägt war. Im November 1952 stand in Prag Rudolf Slansky, ehemaliger Generalsekretär der tschechischen KP, vor Gericht. Er und dreizehn andere prominente Kommunisten waren angeklagt, eine «terroristische trotzkistische, titoistische und zionistische Gruppe» gebildet zu haben. Alle gestanden, wie es bei den Angeklagten der Schauprozesse üblich war. Slansky und zehn Mitangeklagte wurden zum Tod verurteilt und erhängt. Aufgefordert, gegen die absurden Beschuldigungen zu protestieren, antwortete der beliebte Dichter Paul Eluard, Mitglied der KP, er habe genug zu tun, Unschuldigen beizustehen, die ihre Unschuld betonen, um nicht seine Zeit mit der Verteidigung von Leuten zu vergeuden, die ihre Schuld bekannten!

Anfang 1953 hieß es dann, Stalin sei erkrankt, weil jüdische Ärzte ihn vergiftet hätten. Das «Komplott der weißen Kittel» war eine unbewiesene Erfindung, aber sogar jüdische kommunistische Ärzte sagten in Frankreich sofort, ihre jüdischen russischen Kollegen seien schuldig – dies auch noch nach dem Tod Stalins am 5. März 1953. Ein Tod, der eine enorme Trauerwelle auslöste. Es trauerten aus Überzeugung all diejenigen, die noch von den Idealen der Gleichheit und der Freiheit beseelt waren, obwohl diese schon längst zur Manipulierung von Millionen verwendet worden waren. Und alle, die dem Tyrannen in allem gehorsam gefolgt waren, auch wenn er den Antisemitismus förderte.

Die Quellen, das Ausmaß und die Konsequenzen des stalinistischen Antisemitismus waren gewiss nicht dieselben wie bei Hitler, aber ein Vergleich zwischen den beiden muss auch dieses Thema einbeziehen, und sei es nur, weil sonst die Antisemitismus-Problematik im Nachkriegsdeutschland nur unvollständig dargestellt werden kann.

Besondere Erwähnung verdient der Vergleich von Nationalsozialismus und Kommunismus, wenn es um alte oder junge Unbelehrbare geht. Am 30. Januar 1983 sollte ich an einer Sitzung der Bremer Bürgerschaft zum Thema «Was sagt uns heute der 30. Januar 1933?» teilnehmen. Der Kreisvorstand der Deutschen Kommunistischen Partei wollte mein Kommen verhindern oder wenigstens eine zusätzliche Veranstaltung organisieren in Form eines öffentlichen Zwiegesprächs mit einem Überlebenden, der meine Lügen widerlegen sollte. Ich hatte nämlich den Schülern eines Bremer Gymnasiums gesagt, die Kommunisten hätten Mitschuld gehabt am Niedergang der Weimarer Republik. Diese Realität hatte ich in der Tat analysiert. Die DKP wollte unbedingt feststellen lassen, dass «die Kommunisten gemeinsam mit der Sozialdemokratie und anderen antifaschistischen Kräften vom ersten Tage an Widerstand gegen den Hitlerterrorismus geleistet haben». Das hatten sie in der Tat – allerdings nachdem sie seit 1928 die Sozialdemokraten als ihren Hauptfeind dargestellt und bekämpft hatten!

1982 war es der DKP-nahe Marxistische Studentenbund Spartakus, der in den *Roten Blättern* einen langen Text *Keine Solidarität mit Solidarnosc!* veröffentlichte. Das Ziel der polnischen Widerstandsbewegung sei, «den Sozialismus zu schwächen und

Positionsgewinne für den Imperialismus zu erzielen». Ihre Politik habe einen «konterrevolutionären Inhalt».

Heute werden in polemischer Absicht neue Vergleiche gezogen: Die Rede vom «Islamofaschismus» und dergleichen mehr soll suggerieren, der Islam schlechthin bedeute eine totalitäre Gefahr.

Der vereinfachte Feind: der Islam

Wie gut lässt es sich mit Samuel Huntington leben! Oder eher mit dem, was ihm zugeschrieben wird. *Der Kampf der Kulturen* soll die Auffassung begründen, es gebe eine Auseinandersetzung zwischen unserer guten Zivilisation und der eines angriffslustigen, bedrohlichen Islam. Dabei wird allzu oft so geredet und geschrieben, als seien alle Moslems Araber und alle Araber Moslems. Um dafür nur ein schlimmes Beispiel zu geben: In ihrem vor Hass und Verachtung triefenden Buch *Die Wut und der Stolz* (2002) schreibt die italienische Journalistin Oriana Fallaci:

«Ich hege nicht die geringste Absicht, mich dafür (ihre atheistische Grundeinstellung) bestrafen zu lassen von den Söhnen Allahs ... die, anstatt zur Verbesserung der Menschheit beizutragen, ihre Zeit damit verbringen, mit dem Hintern in der Luft fünfmal am Tag zu beten ... (S. 82)

Sie sind viel zu heimtückisch, zu gut organisiert, diese ausländischen Arbeiter. Darüber hinaus pflanzen sie sich unaufhörlich fort. Die Italiener bekommen keine Kinder mehr, diese Dummköpfe. Die übrigen Europäer auch nicht. Unsere ‹ausländischen Arbeiter› dagegen vermehren sich wie die Ratten. (S. 139)

Ich antworte, dass ich Gott sei Dank noch nie etwas mit einem arabischen Mann zu tun hatte. Meiner Auffassung nach sind (Moslems) ... nämlich getragen von einer Verachtung für alle Frauen mit gutem Geschmack (S. 187).»

Dieses Buch stellt einen Höhepunkt antiislamischer Affekte dar, wie sie durch das furchtbare Attentat vom 11. September 2001 aufgepeitscht wurden. Hier gilt es nur zu zeigen, dass die Autorin anscheinend nicht weiß, dass unter den geschätzten 700 Millionen bis eine Milliarde Moslems nur ein Viertel Araber sind – und dass gewiss nicht alle Araber Moslems sind.

Und wie viele Menschen in den USA und in Europa haben den Krieg gegen Saddam Hussein als einen Kampf gegen den gefährlichen Islam betrachtet, wo doch sein Irak laizistisch war? Saddams zehnjähriger Krieg gegen den Iran war sogar ein mörderischer Einsatz gegen einen islamischen Staat. Gerade deswegen hat ja die amerikanische Regierung den grausamen Herrscher von Bagdad unterstützt, ihm Waffen geliefert, darunter sogar das Gas, mit dem er Tausende Kurden ermorden konnte.

Gibt es überhaupt den Islam schlechthin? Nach dem Sturz von Saddam Hussein haben sich im Irak Sunniten und Schiiten blutig und voller Hass bekämpft, obwohl sie sich auf denselben Gott und denselben Propheten berufen. Genau so, wie es Protestanten und Katholiken zur Zeit des Dreißigjährigen Krieges oder im Nordirland des 20. Jahrhunderts getan haben. Dort sind immerhin mehr als 3000 Menschen gestorben, weil sie nicht der richtigen christlichen Konfession angehörten.

Auch ist es schwierig, das tägliche Schicksal der indonesischen Moslems mit dem der islamischen Bürger in den arabischen Golfstaaten zu vergleichen. Die bis zur Wirtschaftskrise im Reichtum gedeihenden Prinzen, Monarchen, Bürger von Katar, Bahrein, Dubai, Abu Dhabi, Oman können es sich leisten, ihre muslimischen «Gastarbeiter» bauen und dienen zu lassen. Die schönsten Bibliotheken, Konzertsäle, Museen dürfen von den avantgardistischsten Architekten errichtet werden. Die innere Aufteilung des Reichtums in diesen islamisch-arabischen Gebieten ist dabei immer noch besser als im großen Saudi-Arabien, dessen Herrschaftssystem in einer unbestimmten Zukunft hinweggefegt werden könnte, so wie es unerwartet vor dreißig Jahren im Iran geschehen ist.

Aber alle Gruppen, so unterschiedlich sie auch sind, berufen sich auf den Koran. Der Außenstehende darf sich da noch mehr wundern als bei den Evangelien. Diese sind Jahrzehnte nach den Ereignissen und den von Jesus gesprochenen Worten, deren wahrheitsgemäße Wiedergabe sie verbürgen sollen, niedergeschrieben worden. Beim Koran erfolgte die Niederschrift der mündlich überlieferten Handlungen und Reden des Propheten sogar mehr als zwei Jahrhunderte nach dessen Tod. Und doch soll der komplizierte Text, mit seinen nicht logisch gegliederten Suren, wörtlich als der Wirklichkeit und der Wahrheit entsprechend aufgenommen werden.

Es gibt moslemische und andere Gelehrte, die bestrebt sind, die Bedeutung der verschiedenen Stellen des Korans durch die Erforschung ihres geschichtlichen, gesellschaftlichen, ideologischen Umfelds zu erhellen. Aber weitergegeben wird die Schrift mit einer Grundeinstellung, die man auf christlicher Seite fundamentalistisch nennen würde. Der Islam hat keinen Papst, der die neuesten und gewagtesten Auslegungsmethoden freigeben könnte (semiotische Analyse, soziologischer Zugang, kulturelle Anthropologie, Psychoanalyse), wie es Pius XII. 1943 in seiner Enzyklika *Divino afflante spiritu* getan hat. Ein Text der Päpstlichen Bibelkommission legte 1993 Grenzen fest, definierte die Interpretation der Bibel im Leben der Kirche sorgfältig, aber die deutlichste Warnung richtete er an den fundamentalistischen Umgang mit der Schrift, der «gefährlich» sei, da er «ohne es zu sagen ... zu einer Form der Selbstaufgabe des Denkens» einlade:

«Er hat deshalb die Tendenz, den biblischen Text so zu behandeln, als ob er vom Heiligen Geist wortwörtlich diktiert worden wäre. Er sieht nicht, dass das Wort Gottes in einer Sprache und in einem Stil formuliert worden ist, die durch die jeweilige Epoche der Texte bedingt sind ... Oft fasst der Fundamentalismus als geschichtlich auf, was gar nicht den Anspruch auf Historizität erhebt; denn für ihn ist alles geschichtlich, was in der Vergangenheitsform berichtet oder erzählt wird, ohne dass er auch nur der Möglichkeit eines symbolischen oder figurativen Sinnes die notwendige Beachtung schenkt.»

Natürlich birgt diese Öffnung Gefahren: Wo hört die Symbolik auf? Wo beginnt der harte Glaubensinhalt? Entsprechend hatte Johannes Paul II. in der Enzyklika *Veritatis Splendor* einige Sorge zum Ausdruck gebracht. Und im Oktober 2008 hat Benedikt XVI. vor der Synode der Bischöfe die exegetische Freiheit klar eingeschränkt. Aber der Unterschied zum Islam bleibt genauso wie der Unterschied zwischen Luthers Aufforderung an die Gläubigen, die Texte selbst zu lesen und sie sich frei anzueignen, und dem sturen Aufsagen von nicht erklärten Suren. (Wo sich da die jüdische Praxis einordnet, soll im nächsten Kapitel erläutert werden.)

Im Islam wird vieles weiterhin von vielen wörtlich genommen. So die Beschreibung des Paradieses als Ort der Erfüllung aller irdischen Lüste und Wollüste: Der Märtyrertod wird somit der Übergang zur ewigen materiellen Freude. Diese Vorstellung ist im heutigen Christentum verschwunden. Die kindliche Beschreibung im Schlussgesang von Mahlers 4. Symphonie wird belächelt. Das ewige Glück ist das endgültige Umhülltwerden von der Liebe Gottes, eine Anschauung, die immerhin auch die Selbstaufopferung des christlichen Märtyrers weniger schmerzlich macht als die des Ungläubigen, für den der Tod sein volles Ende bedeutet.

Vieles, was dem Koran zugeschrieben wird, steht hingegen gar nicht im Text. Im Dezember 2008 wurde eine Dreizehnjährige in der somalischen Stadt Kismayo wegen außerehelichem Sex gesteinigt, nachdem sie von drei Männern vergewaltigt worden war. Aber die Steinigung von Frauen ist, Koran-Kennern zufolge, in der Schrift nirgends erwähnt.

Anderes ist widersprüchlich, wie das in den Evangelien auch öfters der Fall ist: «Wer nicht für mich ist, ist gegen mich» hat ganz andere – mörderische – Konsequenzen gehabt als «Wer nicht gegen mich ist, ist für mich». Die Sure IV, 144 empfiehlt dem Gläubigen, keine ungläubigen Freunde zu haben, sonst werde auch er verdammt. IV, 151 besagt, dass der Herr den Ungläubigen eine schmachvolle Strafe vorbereitet. Die Sure II, 62 dagegen verspricht den gläubigen und rechtschaffenen Juden und Christen das Ende aller Furcht und ihre Belohnung durch den Herrn. Also sind sie mit den islamischen Gläubigen in der göttlichen Gnade vereint – was doch eigentlich zur Verbrüderung führen sollte! Generell betont der Koran die Kontinuität der Propheten – Abraham, Moses, Jesus, Mohammed. Das mag Juden und Christen schockieren, zeitigt aber doch Toleranz gegenüber den anderen «Religionen des Buches».

«Zeig mir doch, was Mohammed Neues gebracht hat, und da wirst du nur Schlechtes und Inhumanes finden, wie dies, dass er vorgeschrieben hat, den Glauben, den er predigte, durch das Schwert zu verbreiten.» Dieses Zitat eines byzantinischen Kaisers brachte Benedikt XVI. gleich am Anfang seiner Regensburger Rede am 12. September 2006. Die Tatsache, dass der Papst damit begründen wollte, dass Glaubensverbreitung durch Gewalt widersinnig sei, verschwand hinter der Provokation, die das Zitat darstellte. Es war auch für einige ein Leichtes, daran zu erinnern, wie viele Jahrhunderte lang die katholische Kirche sich genauso widersinnig verhalten hatte. Das größte Zeichen einer Wandlung wäre die Anerkennung, vielleicht sogar die Seligsprechung getöteter Feinde. Nachdem bereits seit 1987 468 katholische Opfer des spanischen Bürgerkriegs selig, darunter elf heilig gesprochen worden waren, kamen im Oktober 2007 auf einen Schlag 498 dazu. Von den Abertausenden Ermordeten im anderen Lager war jedoch keine Rede.

Die Laudatio, die Bundespräsident Roman Herzog für die Friedenspreisträgerin Annemarie Schimmel am 15. Oktober 1995 in der Paulskirche gehalten hat, stellte beim Islam etwas ganz anderes heraus: «Erinnern wir uns daran, dass es vor sechs- oder siebenhundert Jahren eine große islamische Aufklärung gegeben hat, durch die dem Westen ein beachtlicher Teil des antiken Wissens aufbewahrt wurde. Sie stieß auf ein westliches Gedankengut, das sie als zutiefst fundamentalistisch und intolerant empfinden musste.»

Heute wollen antiislamische Wissenschaftler beweisen, dass es diese Überlieferung griechischer Weisheit durch mohammedanische Gelehrte gar nicht gegeben hat. Aber wer kann wirklich die Rolle eines Averroes im 12. Jahrhundert schmälern? Für manche war es eine große Freude zu sehen, wie der ägyptische Regisseur Youssef Chahine für sein Lebenswerk den Jubiläumspreis der Filmfestspiele von Cannes erhielt. Sein bewegender Film *Das Schicksal* stellt Averroes' Leben und Wirken und seinen Kampf gegen jeden Fundamentalismus, besonders den islamischen, dar. Mit Absicht hatte Chahine darin auch gezeigt, wie man gewalttätige Fanatiker ausbilden kann, die man dann gegen die Toleranten einsetzt.

Es ist auch schön und ein Zeichen der Anerkennung, dass ein großes Krankenhaus in einem von vielen Moslems bewohnten Vorort von Paris den Namen Avicennas trägt, des Arztes, Philosophen und Mystikers, der am Ende des zehnten und am Beginn des elften Jahrhunderts gewirkt hat. Weniger schön ist, das aus dem jüdischen Museum von Paris jüngst ein beeindruckender Saal verschwunden ist, der zeigte, wie friedlich und gegenseitig befruchtend das Zusammenleben von Islam und Judentum zur Zeit der Kreuzzüge verlief. Die Kreuzzügler veranstalteten bei der Eroberung von Jerusalem ein Blutbad unter den besiegten Moslems und verbrannten die Juden, die auf der Seite der Toleranten gestanden hatten, in den Synagogen.

Eine absolute Leugnung des islamischen Einflusses sollte es eigentlich nicht geben. Jean-Marie Le Pen, dessen Antisemitismus durch seinen Antiislamismus begrenzt wird, konnte gefragt werden, warum er eigentlich 12 und nicht XII, 102 und nicht CII schrieb, also arabische Zahlen benutzte! Er weiß wahrscheinlich auch nichts von der Blütezeit im Zusammenleben der drei «Religionen des Buches», wie sie von Maria Rosa Menocal in *Die Palme im Westen. Muslime, Juden und Christen im alten Andalusien* 2003 dargestellt wurde.

In *Al Andalus*, dem arabisch beherrschten Spanien, hat es verschiedene Perioden des Zusammenlebens gegeben. Vom Anfang des 11. bis zur Mitte des 13. Jahrhunderts waren die muslimischen Araber zwar tolerant, aber zu sehr in die Debatten innerhalb der islamischen Welt des Nahen Ostens verwickelt, als dass sie die spanische Umwelt direkt hätten beeinflussen wollen. In dieser Zeit wie nach der ersten christlichen Wiedereroberung zwischen 1248 und 1492 entstanden arabisch-moslemische Bauten, Moscheen, Kunstwerke, die noch heute wesentliche Elemente dessen sind, was die Besucher Spaniens am meisten bewundern. Wichtiger ist jedoch, dass die Christen nach ihren Rückeroberungen um den kulturellen Reichtum der beherrschten Moslems und Juden warben. Daraus wurde der Triumph des «Spaniens der drei Religionen». Bereits am Ende des 11. Jahrhunderts belustigte oder beunruhigte das nördlichere Europa die Tatsache, dass Minderheiten (Moslems und noch mehr Juden) in den christlichen Machtapparaten allgegenwärtig waren.

Als die *Reconquista* 1492 mit der Besitznahme von Granada beendet wurde, stieg das siegreiche Ehepaar Isabella, Königin von Kastilien, und Ferdinand II., König von Aragon, in arabischen Prunkkleidungen zur Alhambra empor, begleitet von ihren jüdischen Beratern. Sie unterschrieben einen Vertrag, der den Moslems die Gleichberechtigung sicherte. War es reine Heuchelei? Jedenfalls wurde der Vertrag noch im selben Jahr gekündigt, nachdem zuvor bereits die Juden aus Spanien vertrieben worden waren. 1478 hatte man die Inquisition eingerichtet. Wegen der Judenvertreibung und der neuen Intoleranz dem Islam gegenüber verlieh der Papst 1494 sowohl dem König und als auch der Königin das Prädikat «der (die) Katholische».

Nicht alles von dieser Zeit ist verlorengegangen oder in Vergessenheit geraten. Nur ein Beispiel: In Sarajevo überstand 1992 eine berühmte Handschrift die wochenlange Bombardierung der Stadt durch die bosnisch-serbische Armee, bei der die Bibliothek und das Museum beinahe vollständig zerstört wurden. Es handelte sich um die «Haggadah von Sarajevo», ein wertvolles Buch der Gebete und Geschichten, die bei den Juden am Pessahtag in Erinnerung an den Exodus verlesen werden. Entgegen seinem Namen stammte es aus Spanien, wo es auf christlichem Boden Ende des 13. oder Anfang des 14. Jahrhunderts geschrieben und verziert worden war. Während des Zweiten Weltkriegs war das Werk bereits von einem moslemischen Bibliothekar vor den Nazis gerettet worden. Er hatte auch Juden versteckt und wurde für beides von der israelischen Regierung ausgezeichnet.

Die Tochter dieses Bibliothekars lebte im Kosovo. Als dort im Mai 1999 der Krieg tobte, half ihr nach einer kleinen Odyssee schließlich die jüdische Gemeinde von Skopje, nach Israel zu fliehen. Am Flughafen von Tel Aviv wurde sie herzlich von einem Mann empfangen, dessen Mutter von ihrem Vater gerettet worden war. Ein schönes Ende einer Geschichte, die auf die christlich-jüdische-islamische Gesellschaft des Mittelalters verweist.

Darüber hinaus sollte immer wieder daran erinnert werden, wie lange auf islamischem Boden die *Dhimma* gegolten hat, wenn auch nur für Juden und Christen, das heißt für Mitglieder einer der «Religionen des Buches». Nach dieser Einrichtung des islamischen Rechts müssen die ungläubigen «Beschützten» zwar eine besondere Steuer bezahlen, andere Kleider als die Moslems tragen und andere Namen haben. Aber ihr Leben und ihr Besitztum sind gesichert, sie sind keiner Zwangsbekehrung unterworfen, sie dürfen ihre eigenen Gerichte und eigenen Behörden haben und ihr Leben nach ihren eigenen Gesetzen und Gebräuchen führen. An sich sollte diese großzügige Regelung noch gelten, aber die Zeiten solcher Toleranz scheinen in den islamischen Staaten weitgehend vorbei zu sein.

Wer aber sagt, sie sei durch den Begriff des «heiligen Krieges» ersetzt worden, irrt sich. «Wir möchten darauf hinweisen, dass ‹heiliger Krieg› in islamischen Sprachen nicht vorkommt. *Dschihad*, das muss betont werden, bedeutet Kampf, und zwar ausdrücklich den Kampf auf dem Weg zu Gott. Dieser Kampf mag viele Formen annehmen, einschließlich des Gebrauchs von Gewalt.» So steht es in dem langen Brief, den 38 islamische Führer nach der Regensburger Rede an Papst Benedikt XVI. gerichtet haben (unter ihnen der Obermufti von Istanbul, der Obermufti der Republik Ägypten, andere aus Indonesien, Marokko, Pakistan, Kuweit, Bosnien ...). Es ist ein versöhnlicher Text, der allerdings einige Irrtümer des Papstes richtig stellen will.

Am Schluss erfolgt eine höfliche Ermahnung: «Während wir mit Ihnen (über den notwendigen interkulturellen Dialog) völlig übereinstimmen, scheint es uns, dass ein großer Bestandteil des interkulturellen Dialogs darin besteht, sich zu bemühen, zuzuhören und die jeweiligen Stimmen jener, mit denen man Dialog führt, in Betracht zu ziehen und nicht nur auf die Stimmen unserer eigenen Überzeugung zu hören.»

Nach einem längeren, zustimmenden Zitat aus dem großen Text des Zweiten Vatikanischen Konzils *Nostra aetate*, der ja auch die Betrachtungsweise der Juden verändert hat, werden Worte Johannes Pauls II. aus einer Generalaudienz vom 5. Mai 1999 wiedergegeben: «Wir Christen erkennen freudig die religiösen Werte, die wir mit dem Islam gemeinsam haben. Heute möchte ich wiederholen, was ich vor ein paar Jahren zu jungen Muslimen in Casablanca sagte: ‹Wir glauben an den gleichen Gott, den lebenden Gott, den Gott, der die Welt geschaffen hat und seine Kreaturen zur Vollendung bringt.›»

Eine andere Stelle im Brief der 38 muss jedoch erstaunte Fragen aufwerfen. Es heißt nämlich:

«Die maßgebenden und traditionellen islamischen Kriegsregeln können nach folgenden Grundsätzen zusammengefasst werden:

1) Nicht-Kombattanten sind keine erlaubten oder legitimen Ziele. Dies wurde ausdrücklich und immer wieder betont vom Propheten, seinen Begleitern und der seit damals gelehrten Überlieferung.
2) Der religiöse Glaube allein macht jemanden nicht zum Ziel eines Angriffs. Die ursprüngliche islamische Gemeinde bekämpfte Heiden, die sie selbst aus ihren Heimen vertrieben, verfolgt, gefoltert und ermordet hatten. Danach waren die islamischen Eroberungen politischer Natur.
3) Muslime können und sollten mit ihren Nachbarn in Frieden leben. *Sind sie aber zum Frieden geneigt, so sei auch du ihm geneigt und vertrau auf Allah* (Sure VIII, 62). Dies schließt jedoch nicht eine berechtigte Selbstverteidigung und die Aufrechterhaltung der Souveränität aus.»

Wenn Punkt 1 wirklich ein Verbot ausspricht, warum gibt es keinen gemeinsamen oder auch nur vereinzelten Protest der Unterzeichner, wenn dieses Gebot nicht eingehalten wird, sei es in Afghanistan, in New York, in Algerien oder in Israel? Mit anderen Worten: Dürfte man nicht erwarten, dass religiöse oder intellektuelle Autoritäten des Islam mutiger gegen die Ihren öffentlich auftreten, wenn diese dem Gesetz des Korans zuwiderhandeln?

Jede Debatte um islamische Gewalt sollte natürlich auch die in der Vergangenheit von Muslimen selbst erlittene Gewalt einbeziehen. Dies hat wohl niemand energischer gemacht als Jürgen Todenhöfer, ehemals MdB und Sprecher der CDU/CSU für Entwicklungspolitik und Rüstungskontrolle. Um der Neuauflage seines Buches *Warum tötest du, Zaid?* mehr Gehör zu verschaffen, hat er einen Text als Anzeige veröffentlicht, der am 14. und 15. März 2008 vier volle Seiten der *FAZ* füllte und auch in der *New York Times* sowie in zwei arabischen Zeitungen erschien. Neben viel Kritik an der westlichen Politik gegenüber Israel und den Palästinensern enthält der Text – nach dem Motto «Warum siehst du die Splitter im Auge deines Bruders, aber den Balken in deinen eigenen Augen bemerkst du nicht? (Lukas 6, 41)» – vor allem Beispiele für «westliche» Methoden.

- Frankreich: «Victor Hugo berichtet von Soldaten, die sich gegenseitig Kinder zuwarfen, um sie mit der Spitze ihrer Bajonette aufzufangen. Für in Salz eingelegte Ohren gab es hundert Sous. Abgeschnittene Köpfe wurden noch höher prämiert. Arabische Gebeine wurden zeitweise zu Kohle verarbeitet.»
- Italien: «In Libyen warfen die italienischen Kolonialisten Fässer mit Phosgen- und Senfgas auf Aufständische und Zivilbevölkerung. Stammesführer wurden in Flugzeuge gepackt und aus schwindelnder Höhe abgeworfen …»
- England: «Winston Churchill warf (den Irakern) wegen ihres Aufstands gegen die britische Unterdrückung im Jahre 1920 ‹Undankbarkeit› vor und setzte chemische Waffen ein – ‹mit ausgezeichneter moralischer Wirkung›, wie er anmerkte. ‹Bomber Harris›, der geistige Vater des ‹moral bombing› erklärte nach einem Luftangriff stolz: ‹Die Araber und Kurden wissen jetzt, was eine richtige Bombardierung ist. In 45 Minuten fegen wir ein ganzes Dorf weg.›»

Todenhöfer hat wahrscheinlich recht, wenn er schreibt: «Keine andere Kultur war in den vergangenen Jahrhunderten gewalttätiger und blutiger als die abendländische.» Aber eine seiner Schlussfolgerungen vereinfacht die heutige Problematik allzu sehr: «Die muslimischen Länder müssen ihre Probleme mit dem radikalen Islam selber ausfechten.» Denn dieser Radikalismus betrifft ja nicht nur die muslimischen Länder. Sein Terror tötet ebenso im «Abendland», zu dem auch Israel gehört. Diese schlichte Feststellung zwingt zum Nachdenken über den Terrorismus schlechthin. Das hat jedoch nichts mit den Millionen von friedlichen, praktizierenden oder nicht-praktizierenden Muslimen zu tun, die in Deutschland und in Frankreich leben und von denen noch die Rede sein soll.

Darf man zum Erreichen politischer Ziele die Tötung Unschuldiger in Kauf nehmen? Die extremste Haltung ist von Jean-Paul Sartre eingenommen worden, die gemäßigste von Albert Camus. Zwar hat Sartre sein Vorwort zu Frantz Fanons *Die Verdammten dieser Erde* später zurückgezogen, aber in der deutschen Ausgabe des lange als Bibel des Antikolonialismus betrachteten Werks steht es noch (die Übersetzung erschien 1971 bei Rowohlt – zehn Jahre nach der französischen Originalausgabe). Mit dem schlechten Gewissen des Kolonisators und voller Bewunderung für die Gewalttätigkeit der Antikolonialisten schreibt Sartre: «In der ersten Phase der Revolte ist töten notwendig: Einen Europäer niedermachen heißt zwei Fliegen mit einer Klappe schlagen, heißt zugleich einen Unterdrücker und einen Unterdrückten vernichten. Zurück bleiben ein toter und ein freier Mensch: der Überlebende spürt zum ersten Mal *nationalen* Boden unter seinen Füßen.»

Ganz anders Camus. Am 15. Dezember 1949 wurde in Paris sein Stück *Die Gerechten* uraufgeführt. Es beruht auf einem historischen Ereignis: Im Februar 1905 hatten Mitglieder einer revolutionären Bewegung ein Bombenattentat auf den russischen Großherzog Sergei, einen Onkel des Zaren, verübt. Camus belässt dem Attentäter seinen Namen, Ivan Kaliayev, aber er erfindet Dialoge, die so wahrscheinlich nie stattgefunden haben. Die Grundfrage klingt heute unzeitgemäß: Darf man einen Würdenträger töten, wenn dabei Kinder sterben müssen?

Kaliayev wirft zunächst die Bombe nicht. «Es waren Kinder in der Kalesche des Großherzogs», erklärt er unter Tränen. Später sagt ein anderer: «Es geht darum zu wissen, ob wir nachher Bomben gegen diese beiden Kinder werfen werden.» Woauf ein Radikalerer erregt antwortet: «Kinder! Ihr habt nur dieses Wort im Mund. Versteht ihr denn gar nichts? Weil Yanek diese beiden nicht getötet hat, werden Tausende von russischen Kindern noch jahrelang an Hunger sterben ... In Wirklichkeit glaubt ihr nicht an die Revolution.»

Wer den Film *Paradise now* von Hany Abu Assad aus dem Jahr

2005 gesehen hat, weiß, dass Camus' Thema noch heute in Israel und in den besetzten Gebieten aktuell sein dürfte (und nicht nur dort): Khaled und Said, zum Töten ausgebildet, werfen zunächst ihre Bombe nicht in einen Omnibus, weil sie sehen, dass Kinder ihn besteigen – um sich im Schlussbild dazu zu entschließen, das Attentat auf einen anderen Omnibus zu verüben. Dass Kinder mit getötet werden, ist inzwischen leider zur Norm geworden.

Terroristische Gewalt trifft heute Menschen aller Zugehörigkeiten: in Asien, in Afrika, in Südamerika, in begrenztem Umfang selbst in Europa, wenn dort auch der Tod von Europäern anders empfunden, anders bewertet wird als der Tod etwa von Indern. Oft, aber nicht immer, wird der Tod durch den Selbstmord des Mörders gebracht, der in jüngster Zeit auch immer häufiger eine Mörderin ist. Die Entscheidung zur Selbstaufopferung mag das Resultat einer Erziehung zum fanatischen Hass sein oder ein Akt der Verzweiflung: Wenn schon das Leben völlig aussichtslos ist, wenn Hunger, Elend und Unterdrückung das endlose persönliche Schicksal sein sollen, dann will man wenigstens andere im Feindeslager mit in den Tod reißen und dadurch womöglich ein ewiges Glück erreichen.

Die Verantwortlichen von Attentaten wollen zuweilen einen Krieg gegen den aufgebauschten weltweiten Feind führen oder auch Repressionsmaßnahmen provozieren, die in der übrigen Bevölkerung keine Ablehnung ihrer eigenen Sache bewirken, sondern eine Solidarisierung. So hat es beispielsweise der *Front de Libération nationale* in Algerien gemacht. Eine Solidarisierung war auch das Ziel des ersten Attentats der französischen Kommunisten, nachdem Hitler-Deutschland wieder der Feind geworden war. Aus London ließ General de Gaulle wissen, er sei gegen solche Attentate, weil die Repressalien unnötige Opfer fordern würden. Die Ermordung eines deutschen Offiziers in der Pariser Untergrundbahn zog in der Tat Geiselerschießungen nach sich, brachte dadurch aber der Résistance neue Mitkämpfer.

Wenn der Terror die Waffe der Schwachen ist und somit das Handeln der Terroristen legitim, gilt das dann nicht auch für den jüdischen Terror vor der Entstehung des Staates Israel? Und wenn – wie es in Algerien und anderswo behauptet wurde – die vom Starken ausgeübten Repressalien mindestens ebenso viele Kinder und Frauen töten wie die Attentäter, galt dies nicht in jüngster Zeit auch für Gaza?

Schwieriges Israel

In seiner Rede zur Einweihung der neuen, schönen Münchener Synagoge am 9. November 2006 sagte der Oberbürgermeister, sie solle ein Ort des Friedens von außen und nach außen sein. Für Israel würde eher gelten, dass schon seit der Zeit vor der Staatgründung die Gewalt von außen und nach außen herrscht. Dabei muss man allerdings stets sorgfältig vergleichen und differenzieren. Zum Beispiel wenn es um Selbstmord geht. Der kollektive Selbstmord der Verteidiger von Massada im Jahre 73 oder 74 hat nur die getötet, die sich das Leben nehmen wollten, und war nicht dazu bestimmt, andere zu töten. Doch inwiefern sollte das Wort Terrorist vermieden werden, wenn es um die Vergangenheit der ehemaligen israelischen Ministerpräsidenten Menachem Begin und Yitzhak Shamir geht?

Gleichwohl wäre es nicht weise, die Geschehnisse des 20. Jahrhunderts zu analysieren, ohne wenigstens versucht zu haben, einige Grundfragen zu beantworten. Wer ist Jude? Welche Bedeutung hatte der Zionismus für das Judentum und die Judenheit, welche hat er heute? Und welche die Thora? Lassen sich politische Haltungen aus ihr begründen?

Man kann es sich einfach machen. Jude ist, wer sich selbst als Jude identifiziert oder wem vom schon erwähnten Finger das Jude-Sein als Hauptidentität zugeschrieben wird. Es mag auch die Abstammung sein: Jude ist, wer eine jüdische Mutter hat. (Unseriöse

Zwischenbemerkung: Muslim ist, wer einen muslimischen Vater hat. Das arme Kind mit einem jüdischen Vater und einer muslimischen Mutter ist also weder Muslim noch Jude!) Wie wird man Jude? Die Konversion ist schwierig, und ihre Regeln werden von den verschiedenen Rabbinern unterschiedlich aufgefasst. Wann endet die Zugehörigkeit zum Judentum? Edith Stein ist als Jüdin verhaftet und ermordet worden. Zum Katholizismus übergetreten, Karmelitin geworden, hat sie sich doch weiterhin auf ihr Judentum berufen. Johannes Paul II. hat bei ihrer Heiligsprechung diese Zugehörigkeit betont, und im Dom zu Speyer heißt es auf der Erinnerungstafel, dass sie Jüdin und Christin gewesen ist.

Galt nicht das Gleiche für den Kardinal-Erzbischof von Paris, Jean-Marie Lustiger, der sich bis zu seinem Tod als Jude bezeichnete, was ihn einigen antisemitischen Angriffen aussetzte und ihm in Israel die Beschuldigung des Verrats, der Teilnahme an der Auslöschung des Judentums einbrachte? Beinahe wäre es so weit gekommen, dass man ihm verboten hätte, an einer Gedächtnisfeier in Jerusalem teilzunehmen – obwohl seine Mutter in Auschwitz umgekommen war.

In Wirklichkeit muss man weiter zurückgreifen, wenn auch vielleicht nicht ganz so weit, wie es Arthur Hertzberg in seinem beeindruckenden Buch *Wer ist Jude? Wesen und Prägung eines Volkes* (1998) getan hat. Zumindest aber bis zum Ende des 18. Jahrhunderts, als Moses Mendelssohn zugleich als «Stern der Aufklärung» und als Jude anerkannt und respektiert wurde. Lessings Vorbild für Nathan den Weisen verband Vernunft und Glaube. Dominique Bourel beendet seine dicke Biographie *Moses Mendelssohn. Begründer des modernen Judentums* (2007) mit dem etwas ironischen Satz: «Mendelssohn war ein glücklicher Jude. Ist es deswegen, dass er uns so ferne erscheint?»

Schon sein Sohn war als Jude nicht allzu glücklich und bekehrte sich zum Protestantismus, was seinen gesellschaftlichen Werdegang erleichterte. Sein Sohn, der dem Vornamen Felix – der Glückliche – sein kurzes Leben lang Ehre machte, war als Komponist, Dirigent, Operndirektor überall beliebt und gefragt. Ob der Wiederentdecker von Bachs *Matthäus-Passion* nun Jude war, spielte kaum eine Rolle; das immerhin in einer Zeit, wo der Antisemitismus am Anfang einer Art Renaissance stand.

Ganz anders waren die Wege der im Frankfurter Ghetto Geborenen. Ludwig Börne schrieb, obwohl sein «Geburtsort nicht größer war als die Judengasse und hinter dem verschlossenen Tor das Ausland für mich begann»: «Daß ich ein Jude geboren, das hat mich nie erbittert gegen die Deutschen, das hat mich nie verblendet. Ich wäre ja nicht wert, das Licht der Sonne zu genießen, wenn ich die große Gnade, die mir Gott erzeugt, mich zugleich ein Deutscher und ein Jude werden zu lassen, mit schnöden Murren bezahlte.»

Gewiss, aber dann steht auf seinem Taufschein: «Im Jahre Christi Eintausend Achthundert und Achtzehn den fünften Juni, wurde Herr Ludwig Börne Doktor der Philosophie von Frankfurth, alt zwei und dreißig Jahre, nach vorhergegangenen Unterricht und abgelegten Glaubensbekenntnis (lutherischer Confession) durch die heilige Taufe in die christliche Kirchengemeinschaft aufgenommen.»

Der als Juda Löw Baruch 1786 Geborene sagte dann ganz offen, seine politische Tätigkeit würde durch Religions- und Namenwechsel sehr erleichtert. In dem 1910 erschienenen, 2001 neu veröffentlichen Buch von Ludwig Geiger *Abraham Geiger. Leben und Werk für ein Judentum in der Moderne* liest man: «Den Frommen war seine (Börnes) rein deutsche Sprache ein Greuel und seine, wenn auch nur äußerliche, Abwendung vom Judentum ein Abscheu». Im Geiger'schen Haus «kannte man Goethe nicht; Börnes Namen durfte ... gewiss gar nicht erwähnt werden.»

Abraham Geiger war 1810 im selben Ghetto geboren. Ein Jahr später, am 28. Dezember 1811, erhielten die Frankfurter Juden dank der Herrschaft von Karl Theodor Dalberg die volle Gleich-

105

berechtigung. Sie wurden «gleicher Rechte, gleichen Besitzes und Eigentum, gleicher Erwerbsmöglichkeit» für fähig erklärt. (Darf man sich da fragen, ob dies heute in Jerusalem für alle Andersgläubigen voll zutrifft?) Nach dem Sturz Dalbergs 1813 wurden die alten Beschränkungen wiedereingeführt, aber mit dem Zusammenpferchen in der Judengasse war es vorbei. Abraham Geigers Werdegang war dann der eines von den orthodoxen Juden hart kritisierten Rabbiners, der den Glauben bewahren wollte, aber die volle Integration der Juden in die bürgerliche Gesellschaft anstrebte.

Dass dies möglich war, sollten später prominente Beispiele beweisen. Das erstaunlichste ist wohl das von Benjamin Disraeli, dem mit der Königin eng befreundeten Premierminister des viktorianischen Englands. Er hat stets seine jüdische Abstammung hervorgehoben, obwohl er sein Leben als gläubiger Christ führte. In Deutschland wie in Frankreich gab es zu dieser Zeit, trotz des Antisemitismus, eine Normalisierung, eine Verweltlichung eines großen Teils des Judentums, was weder in Osteuropa noch in Nordafrika der Fall war. Als Theodor Herzl in der Dreyfus-Affäre den Beweis sah, dass eine Assimilierung unmöglich und die Verfolgung nie ausgeschlossen sei, war er selber ein weitgehend Assimilierter, jedenfalls in Kleidung und Sprache. (In Frankreich sah man durch den Sieg der «Dreyfusistes» den Beweis erbracht, dass *La République* die Gleichbehandlung aller ihrer Kinder garantieren konnte.)

Theodor Herzl (1860–1904) war ein Mann der Aufklärung, für den der Schutz des jüdischen Volks wichtiger war als die religiöse Tradition. In seinem Buch *Der Judenstaat* argumentierte er, da es sich beim Antisemitismus vor allem um eine Form des Fremdenhasses handele, sei das jüdische Volk erst dann sicher, wenn es in einem eigenen Staat die Mehrheit bilde und zwar möglichst in der Heimat seiner Vorfahren. In solch einem Staat würde sich dieses Volk eher nationalen und staatsbürgerlichen Belangen widmen als der Erfüllung religiöser Pflichten. Die Zusammenführung der Juden in einem eigenen Staatswesen würde sie zu einer normalen Nation werden lassen, mit einem Staat unter anderen Staaten, und dadurch den Antisemitismus anderswo untergraben.

Das Buch war ein weltweiter Erfolg. Schon kurz nach seinem Erscheinen im Februar 1895 wurde es in fünf Sprachen übersetzt. Zwei Jahre später fand der erste zionistische Weltkongress statt. Die Errichtung eines jüdischen Nationalfonds erlaubte, Boden in Palästina zu kaufen, was keineswegs einer Eroberung gleichkam.

Andererseits bekämpfte jemand wie der Wiener Großrabbiner Moritz Gudemann den Zionismus durch Wort und Schrift. Die Idee eines nationalen Judentums sei falsch. Warum sollten die deutschen Juden sich nicht als Deutsche betrachten, die französischen Juden als Franzosen? Er glaubte an die Integration in die deutsche Kultur unter Beibehaltung von Mosis Gesetz. Ähnlich äußerte sich die jüdische Gemeinde von München, die keinen zionistischen Kongress in Bayern haben wollte, wo doch die Presse bereits schrieb, diese Bewegung beweise, dass die Juden keine Vaterlandsliebe empfänden.

Während sich viele Juden in Westeuropa eher über die Religion als über eine jüdische Nationalität definierten, war die Unterordnung des Religiösen für die Juden in Osteuropa, insbesondere im pogromreichen Russland, kein grundlegendes Problem. Denn Diskriminierung und Grausamkeiten waren sie als Angehörige einer Nationalität ausgesetzt und kaum als Träger einer mit dem Christentum unvereinbaren Religion. Bei ihrer Einwanderung nach Israel waren die traditionellen Kriterien der jüdischen Identität wie die jüdische Zugehörigkeit der Mutter weniger wichtig als die Zugehörigkeit zu der verfemten Gruppe. Insofern war es kein Zufall, dass David Ben Gurion und Golda Meir, Gründerfiguren des Staates Israel, beide in Osteuropa geboren worden waren.

Aber gerade diese Vernachlässigung der Thora als transnationale Identität des Judentums hat von Anfang an bis heute den jüdischen Antizionismus befeuert, der 2004 in Yakov M. Rabkins Buch *Au nom de la Torah. Une histoire de l'opposition juive au sionisme* stringent analysiert und weitgehend zustimmend dargestellt worden ist. Die Kritik am Zionismus lässt sich im Streit um ein Wort zusammenfassen. In der Bibel ist Israel zunächst der Name eines Mannes, dann der Name des Volkes, mit dem Gott ein Bündnis geschlossen hat. Heute bezeichnet Israel einen Staat, der den Anspruch erhebt, im Namen dieses Volkes in seiner Gesamtheit zu sprechen. Ist dabei der Zionismus ein neuer Nationalismus geworden, was in den Augen seiner Kritiker schon die Erschaffung einer gemeinsamen Sprache, des modernen Hebräischen beweisen soll? Jedenfalls werde von den nicht-israelischen Juden verlangt, sich mit dem Staate Israel zu identifizieren, was zur Konsequenz habe, dass jedes Hassgefühl diesem Staat gegenüber in den anderen – vor allem den europäischen – Staaten einen neuen Antisemitismus hervorbringe.

Diese These wird noch eingehend zu untersuchen sein. Sicher ist, dass der Antizionismus breit vorhanden ist bei den privilegiertesten Bürgern Israels: den vom Militärdienst befreiten Ultra-Orthodoxen, die bärtig sind, weil die Schrift den Gebrauch des Rasiermessers verbietet, und die eine Kleidung tragen, die nicht die biblische ist, sondern die der osteuropäischen Juden des Mittelalters.

Der Staat Israel und die, die ihn leiten, übernehmen ihrerseits nicht ganz die Formulierung von Willy Brandt: «Wir sind Gewählte, nicht Erwählte.» Israel behält den Bezug zur Bibel und den Begriff des Volkes, das doch nicht ganz den anderen gleich ist. Allerdings entstehen da Probleme, die es, wie gesagt, im Islam kaum gibt, bei den Juden wie den Christen hingegen sehr wohl. Seit der bereits erwähnten päpstlichen Enzyklika *Divino afflante spiritu* von 1943 gibt es die päpstliche Erlaubnis, die Heilige Schrift mit modernen Methoden zu untersuchen. In Israel braucht man eine solche Erlaubnis nicht, und so sind es zwei israelische Forscher, die fast die ganze Historizität der Bibel in Frage gestellt haben. Israel Finkelstein und Neil Asher Silbermann zeigen in *Keine Posaunen vor Jericho. Die archäologische Wahrheit über die Bibel* (2002), dass es vor dem achten Jahrhundert v. Chr. kaum biblische Texte gegeben hat, dass Abraham wahrscheinlich nie gelebt hat und vieles Störende mehr. Die beste Forschungsbilanz aus jüngerer Zeit ist wahrscheinlich die des Italieners Mario Liverani (*Israel's history and the history of Israel*, 2005).

Was kann man dann noch als historisch ansehen, wie weit darf eine rein symbolische Interpretation der heiligen Schriften gehen? Auf christlicher Seite ist man da oft sehr erfinderisch, sodass ich an einen Ausspruch des wissenschaftlich arbeitenden Romantikers Friedrich Schlegel denke, den ich meinen Studenten häufig zitiert habe: «Das Auslegen ist oft das Einlegen des Erwünschten.»

Einige Beispiele aus der Bibel. Sara, die keine Kinder bekommen hat, sagt ihrem Gatten Abraham, er solle seine Magd Hagar befruchten. So kommt Ismael zur Welt. Sara wird eifersüchtig und verjagt Magd und Kind. Gott lässt sie dann in hohem Alter doch noch selbst schwanger werden, als Zeichen des erneuerten Bundes mit Abraham und dem ganzen Volk, das aus Saras noch zu gebärendem Sohn Isaak hervorgehen wird, «Könige über Völker sollen aus ihr entstammen». Hagar und ihr Sohn wären in der Wüste beinahe umgekommen, aber Gott sagt Abraham: «Auch was Ismael angeht, erhöre ich dich. Ja, ich segne ihn, ich lasse ihn fruchtbar und sehr zahlreich werden. Zwölf Fürsten wird er zeugen, und ich mache ihn zu einem großen Volk. Meinen Bund aber schließe ich mit Isaak.»

Ismael gilt als Stammvater der Araber – aber wenn Abraham gar nicht gelebt hat? Doch schon Paulus sagt im Galaterbrief, dass es sich um eine Allegorie handele: Hagar steht für das Bündnis durch das Gesetz, Sara für das der Gnade. Genau so, wie im Korintherbrief der Felsen, auf den Moses schlägt und aus dem dann Wasser sprudelt, Christus darstellt, die ewige Quelle des Lebens.

Eigentlich kann sich jeder, der heute die Bibel liest, darüber freuen, dass so viel Grausamkeit nur symbolisch gedeutet werden sollte. In meinem *Die Früchte ihres Baumes. Ein atheistischer Blick auf die Christen* habe ich erzählt, wie groß der Schock war, den ich in meiner Jugend erlitt, als ich unter anderem das Ende des Buches Esther oder die Eroberung von Jericho gelesen habe. «So metzelten die Juden alle ihre Feinde mit dem Schwert nieder. Es gab ein großes Blutbad»; «Die Stadtmauer stürzte in sich zusammen, und das Volk stieg in die Stadt hinein, jeder an der nächstbesten Stelle. So eroberten sie die Stadt. Mit scharfem Schwert weihten sie alles, was in der Stadt war, dem Untergang, Männer und Frauen, Kinder und Greise, Rinder, Schafe und Esel.» Heute sagt die Forschung, die Belagerung von Jericho hat es nie gegeben.

Auch störte ich mich an dem Schicksal der Ägypter. Sollte nicht jeder Christ einen Vergleich ziehen zwischen dem Gott, der die zehnte Plage in Gestalt der Ermordung aller Erstgeborenen auferlegt, und Herodes, der, um sicher zu sein, dass der in Bethlehem Neugeborene getötet wird, alle Kinder umbringen lässt? Und heute noch, wenn ich meine Frau zur nächtlichen katholischen Osterfeier begleite, schrecke ich auf, wenn der Psalm gesungen wird, der besagt, die ewige Güte Gottes habe sich durch das Ertrinken der Ägypter mit Ross und Reitern bewiesen. Vor allem weil es ja vorher heißt, Gott habe das Herz des Pharao verhärtet, was doch beweist, dass er es hätte erweichen können! Da ich seit frühester Jugend den Begriff der Rache verabscheut habe, bin ich froh, dass beim zu Recht berühmten Psalm 137 «An den Strömen von Babylon» der Schluss nicht mehr gesungen wird: «Tochter Babel, du Zerstörerin/Wohl dem, der dir heimzahlt, was du uns getan hast/Wohl dem, der deine Kinder packt/und sie am Felsen zerschmettert.»

Schlimmer ist die Tatsache, dass, sofern der biblische Text der

Wahrheit entspricht, die Israeliten das Land, das Gott ihnen versprochen hatte, nicht etwa leer vorfanden. Sie haben, wenn man den Text wörtlich nimmt, die erste «ethnische Säuberung» vollbracht. Und zwar nach dem Prinzip, das in Deut. 20 festgelegt wird: «Wenn der Herr, dein Gott, sie (die belagerte Stadt) in deine Hand gibt, sollst du alle männlichen Personen mit scharfem Schwert erschlagen. Die Frauen aber, die Kinder und Greise … darfst du dir als Beute nehmen … Aus den Städten dieser Völker, die der Herr, dein Gott, dir als Erbbesitz gibt, darfst du nichts, was Atem hat, am Leben lassen.»

Und weshalb «geriet Moses in Zorn» (Numeri 31), als er den Befehlshaber der Truppen empfing, die Midian besiegt hatten? «Warum», so fragt er, «habt ihr alle Frauen am Leben gelassen? Gerade sie haben die Israeliten dazu verführt, vom Herrn abzufallen … Nun bringt alle männlichen Kinder um und ebenso alle Frauen, die schon mit einem Mann geschlafen haben. Aber alle weiblichen Kinder und die Frauen, die noch nicht mit einem Mann geschlafen haben, lasst für euch am Leben.» Überhaupt weist das Versprechen eines Landes, wo Milch und Honig fließen, darauf hin, dass dieses Land bereits bevölkert war. Das hindert allerdings auch die atheistischen Juden Israels nicht daran, sich auf die Schrift zu berufen.

Die Juden lassen sich also kaum als «Ureinwohner» Palästinas bezeichnen, die Araber allerdings ebenso wenig. Sie sind durch eine Invasion in das bereits bewohnte Land gekommen und dürfen sich auch nicht als Erben der Ureinwohner bezeichnen. Es bleibt, dass zwei Jahrtausende Treue zum zerstörten Tempel, begleitet vom Spruch «nächstes Jahr in Jerusalem», dass so viele Jahrhunderte Thora und Talmud Palästina wohl zu der Erde machen mögen, auf der man als Jude wieder zusammenkommen möchte, und sei es nur, um endgültig dem Judenhass und den Pogromen zu entkommen.

Nichts ist wohl schwieriger, als sich die Geschichte Palästinas im 20. Jahrhundert unvoreingenommen anzueignen. Man darf das Jahrhundert mit der Balfour-Erklärung vom 2. November 1917 beginnen lassen, ungefähr so wie für Europa das Jahrhundert 1914 beginnt und nach Belieben entweder 1990 oder 2001 zu Ende geht. Ein Jahrhundertende, das in Palästina noch 2009 auf sich warten lässt.

Bei der Balfour-Erklärung handelt es sich um einen Brief, den der britische Außenminister James Balfour an Lord Lionel Walter Rothschild, Präsident des zionistischen Bundes Großbritanniens schickte. Darin nahm er Stellung zugunsten einer «nationalen Heimstätte für das jüdische Volk in Palästina». Er werde sein Bestes tun, um das Erreichen dieses Ziels zu erleichtern, vorausgesetzt, dass die bürgerlichen und religiösen Rechte der in Palästina vorhandenen nicht-jüdischen Gemeinschaften nicht beeinträchtigt würden.

«Ein Monat später zogen die alliierten Truppen unter General Allenby in Jerusalem ein, was vier Jahrhunderte osmanische Herrschaft über die Heilige Stadt beendete. Im April 1920 vertraute die Konferenz von San Remo Palästina, die ärmste der ehemaligen osmanischen Provinzen, der Verwaltung Großbritanniens an. Zu dieser Zeit bewohnten 560 000 Moslems und 55 000 Juden das Land. Aber von Beginn erweckte das zionistische Unternehmen die Opposition eines Teils der arabischen Bevölkerung Palästinas. 1920 verwarf ein nationaler arabische palästinensischer Kongress die Balfour-Erklärung und forderte die Unabhängigkeit.»

So steht es am Anfang des jüngsten, wie seine anderen sehr umstrittenen, in meinen Augen hervorragend recherchierten, unvoreingenommenen und aufschlussreichen Buches von Charles Enderlin, *Par le feu et par le sang. Le combat clandestin pour l'indépendance d'Israël, 1936–1948* (2008) («Durch Feuer und Blut. Der unterirdische Kampf für die Unabhängigkeit Israels»). Wenn ich dieses Werk und andere Bücher über alle Einzelereignisse zwischen Balfour-Erklärung und Beginn des ersten der israelisch-arabischen Kriege hinweg als ein Ganzes betrachten will, so bleibt mir ein mehrfältiges Erstaunen über die wesentliche, wechselhafte und oft unschöne Rolle Englands, den frühen Beginn der Gewalt von allen Seiten und die schließlich von Ben Gurion eingedämmte und besiegte Brutalität der Irgun des Menachem Begin und der LEHI (Gruppe Stern) von Yitzhak Shamir.

1929 gab es in Jerusalem und Hebron Ausbrüche einer antijüdischen arabischen Gewalt, die pogromähnlich waren. Einerseits dienten die jüdischen Neuankömmlinge als Sündenböcke für die Frustrationen des arabischen Nationalismus, andererseits waren echte Befürchtungen vorhanden, die Zionisten würden zu viel Boden ankaufen und das Land werde keinen großen Andrang jüdischer Immigranten vertragen können, ohne dass die arabische Bevölkerung verarmte.

Bis zu Beginn des Zweiten Weltkriegs ging von vielen Seiten Gewalt aus. Auf jüdischer Seite standen sich zwei Auffassungen gegenüber. David Ben Gurion, Generalsekretär der internationalen Gewerkschaftszentrale Histadrout und Chef der 1920 gegründeten Haganah (Verteidigung), einer geheimen Militärorganisation zum Schutz der jüdischen Örtlichkeiten, plädierte für Mäßigung bei der Antwort auf arabische Gewalt. 1931 spaltet sich der Irgun (Nationale Militärorganisation) von der Haganah ab, um arabische Gewalt und die britische Mandatsmacht durch Terrorismus zu bekämpfen.

Die britische Regierung schickte im November 1936 eine Enquete-Kommission nach Palästina. Im Juli 1937 veröffentlichte deren Vorsitzender, Sir Robert Peel, ihren Bericht. Die vorhergehenden Gewaltanwendungen seien zunächst auf die Unabhängigkeitsbestrebungen der Araber, auf ihren Hass und ihre Furcht vor der Einrichtung einer nationalen Heimstätte für die Juden zurückzuführen. Diese aber, sagt der Bericht, sei kein Experiment mehr. Die bedeutendste Neuerung seien hier die städtische und industrielle Entwicklung sowie der demokratische Charakter, beides im Widerspruch zur arabischen Umwelt. Die zwei Kulturen könnten nicht verschmolzen werden. Das arabische Palästina habe seit 1920 große Fortschritte gemacht, die teilweise auf den Verkauf von Boden an die jüdischen Immigranten und auf die von außen kommenden Investitionen zurückzuführen seien. Auf Dauer solle es eine Grenze zwischen zwei Staaten geben, mit Austausch der Gebiete und der Bevölkerungen, die auf dem Territorium des jeweils anderen liegen.

Die Kommission sprach sich also für eine Teilung aus, die auf arabischer Seite als unannehmbar bezeichnet wurde. Großbritannien wollte es sich allerdings nicht mit der arabischen Welt verderben, während diese sich von den Diktaturen Hitlers und Mussolinis unterstützt fühlte. Die doppelte Kriegsführung der Irgun verschärfte sich 1938, nachdem die Briten das Todesurteil gegen zwei junge jüdische Attentäter vollstreckt hatten, die eine Bombe auf einen arabischen Bus geworfen hatten, ohne jemanden zu töten. Auf Vorschlag von Avraham Stern beschloss der Irgun, jede Mäßigung fallenzulassen. Bomben explodieren in Haifa, Jerusalem, Jaffa und töteten Dutzende Araber.

Da in Europa die Kriegsgefahr wuchs, wollte die britische Regierung weniger denn je mit der arabischen Welt brechen. Am 17. Mai 1939 veröffentlichte das Kabinett Chamberlain ein Weißbuch über Palästina, das die jüdische Immigration auf 10 000 Menschen pro Jahr beschränkte (plus ein einmaliges Kontingent von 25 000 Flüchtlingen). Dies sollte für fünf Jahre gelten, danach hätte jede Zuwanderung eine arabische Genehmigung gebraucht. Der Verkauf von Boden an Juden war ab sofort verboten. So wurde Großbritannien wieder zum Hauptfeind des Zionismus.

Doch nun kam der Zweite Weltkrieg. Nach dem Motto «Der Feind meines Feindes ist mein Freund» gerieten einige Zionisten in Versuchung, ein Arrangement mit den Achsenmächten einzugehen. Ähnliche Gedanken hatte auch der tunesische Nationalist Habib Bourguiba, was man ihm nach dem Krieg von französischer Seite vorwarf, bevor er Staatsoberhaupt des unabhängigen Tunesiens wurde. Tatsächlich kam es zu einigen Gesprächen, aber ein mörderischer italienischer Luftangriff auf Tel Aviv verhinderte, dass sich aus den von Avraham Stern geknüpften Kontakten etwas Konkretes ergab. Dieser hatte den von Daniel Raziel geleiteten Irgun verlassen, um eine eigene Organisation mit dem Namen Irgun in Israel (später: LEHI) zu gründen.

Stern war so etwas wie der Chefideologe des jüdischen Terrors. Er schrieb die achtzehn Prinzipien einer Renaissance Israels nieder, darunter, dass das jüdische Volk ein erwähltes sei, Bannerträger der menschlichen Kultur. Sein Vaterland sei Israel in den Grenzen, die Gott bestimmt hat: «Deinen Nachkommen gebe ich dieses Land vom Grenzbach Ägyptens bis zum großen Strom, dem Euphrat» (Gen. 15, 18; in der Bibel wird der Satz beendet mit «das Land der Keniter, der Kenasiter, der Kadmoniter, der Hetiter, der Perisiter, der Rafaïter, der Amoriter, der Kanaaniter, der Girgaschiter, der Hiwiter und der Jebusiter»). Israel allein habe also Anspruch auf diese Erde.

Von jüdischer Seite wurde jedoch auch Großbritannien Unterstützung gegen Hitler angeboten. Bei Kriegsende werden mehr als 30 000 palästinensische Juden in der britischen Armee gedient haben. Im September 1944 wurde eine eigene jüdische Brigade geschaffen. Man bildete Tausende Offiziere und Unteroffiziere aus, die später das Rückgrat der israelischen Armee bilden sollten. Als Mitglied der britischen Armee übernahm Raziel die schwierige Mission, die Ölreserven des Flughafens von Bagdad in die Luft zu sprengen. Deutsche Flieger bombardierten den Wagen, in dem er saß. Am 20. April 1941 starb der Chef des Irgun im Dienste des britischen Empires, das er doch so hart bekämpft hatte. Einige Wochen später eroberte im Nordlibanon eine kleine Einheit von jüdischen und australischen Soldaten zwei Brücken, die von französischen Soldaten der Vichy-Regierung verteidigt wurden. Im Gefecht verlor der Chef der Einheit ein Auge. Er hieß Moshe Dayan.

Trotz allem beendete der Krieg nicht den Kampf zwischen den britischen Behörden und den jüdischen Geheimorganisationen. Avraham Stern wurde eifrig gesucht, am 12. Februar 1942 schließlich in einer Wohnung gefunden und nicht verhaftet, sondern von einem britischen Beamten einfach erschossen. Der von ihm geleitete Teil des Irgun wurde nun als «Gruppe Stern» bekannt.

Bereits im Dezember 1941 hatte sich gezeigt, dass Großbritannien die jüdische Immigration weiterhin verhindern wollte. Von einem rumänischen Hafen aus war der Frachter *Struma* mit 769 jüdischen Flüchtlingen an Bord mit Ziel Palästina in See gestochen. Wegen Motorenproblemen musste das alte Schiff am 19. Dezember in Istanbul haltmachen. Die türkischen Behörden ließen jedoch niemanden an Land und verständigten die Briten, diese wiederum weigerte sich, Einreisevisa zu erteilen. Die Verhandlungen zwischen den Regierungen beider Länder zogen sich über zehn Wochen hin, nur wenige Passagiere durften weiter nach Palästina. Die Lebensbedingungen an Bord waren erschreckend.

Im Februar sollte es eine Einreisemöglichkeit für Passagiere unter sechzehn Jahren geben, aber auch hier konnte man sich nicht einigen. Schließlich, am 23. Februar 1942, ließen die türkischen Behörden den Frachter mit seinen Passagieren auf hohe See schleppen. Am nächsten Tag wurde er von einem sowjetischen U-Boot torpediert. Nur ein Passagier überlebte – er erhielt ein Einreisevisum nach Palästina! Harold MacMichael, der britische Hochkommissar, der die Immigration verboten hatte, begründete seine Haltung mit der Tatsache, dass die Passagiere «Bürger eines gegen Großbritannien im Krieg stehenden Landes (Rumänien) seien, das unter feindlicher (deutscher) Kontrolle stehe».

Wie aufnahmebereit waren die jüdischen Palästinenser überhaupt? In seinem Buch *Die siebte Million* (hebräische und englische Originalausgabe 1991) hat Tom Segev ausführlich beschrieben, wie weit die Zurückhaltung gegenüber den *Jecken* aus Westeuropa gegangen ist, die selten Zionisten waren und im Allgemeinen zu schwach oder durch ihren Beruf ungeeignet für die landwirtschaftlichen Kibbuzim. Sie vor der Vernichtung zu retten besaß jedenfalls keine Priorität.

Als der Krieg aus war, begrenzten die Briten weiterhin die Einreisemöglichkeiten. Ein Vorschlag, jährlich 100 000 Juden nach Palästina zu lassen, wurde abgelehnt. Die Haltung der neuen Labour-Regierung (seit Juli 1945) war schwankend. Premierminister Clement Attlee sagte auf einem Parteitag, man müsse den Juden erlauben, in großer Zahl einzureisen, und die Araber ermutigen wegzugehen. Da es weite arabische Territorien gebe, sollten sie nicht die Ankunft der Juden ablehnen. Man könne doch vielleicht durch Verhandlungen mit Ägypten, Syrien und Transjordanien die palästinensischen Grenzen erweitern.

Außenminister Ernest Bevin hielt hingegen eine Rede, in der er das alte Weißbuch bestätigte und nur 1500 Einreiseerlaubnisse pro Monat ankündigte. Die jüdische Immigration in Palästina sei schließlich eine Deportation außerhalb Europas. Die Juden riskierten, antisemitische Gefühle in der ganzen Welt hervorzurufen, und täten besser, beim Wiederaufbau Polens und Deutschlands mitzumachen.

Die Antwort war ein jüdischer Generalstreik in Palästina. In Tel Aviv plünderten dreißigtausend Demonstranten die britischen Einrichtungen. Die Behörden setzten eine Division Fallschirmjäger ein, um die Unruhen unter Kontrolle zu bekommen. Nach mehreren Warnungen eröffneten die Soldaten das Feuer, vor allem auf jugendliche Steinewerfer. Unter den verletzten Juden waren achtzehn zwischen acht und sechzehn, vierzehn zwischen sechzehn und zwanzig Jahre alt. Die Lage der britischen Soldaten wird die der israelischen am Beginn der Intifada sein.

Wie sollte es nun weitergehen? David Ben Gurion gelang es, in New York Verbindungen herzustellen, die letzten Endes die UNO-

Abstimmungen mitbewirkten. Aber die beiden Zweige des Irgun wollten den bewaffneten Kampf gegen die Mandatsverwaltung fortsetzen. Bereits im November 1944 war der britische Kolonialminister Lord Moyne auf offener Straße ermordet worden. Daraufhin machte Ben Gurion in einer Rede vor dem Kongress des Histadrout eine Art Kriegserklärung an die jüdischen Terroristen. Dies verhinderte jedoch nicht das wohlvorbereitete Attentat gegen das Hotel King David am 22. Juli 1946, in dem sich britische Verwaltungsbüros befanden. Die Explosion forderte einundneunzig Tote, darunter siebzehn Juden, einundvierzig Araber und achtundzwanzig Briten. Der britische Oberbefehlshaber in Palästina machte alle Juden des Landes mitverantwortlich für die Tat. Der Armee wurde jeder Kontakt mit Juden verboten, Geschäfte und Restaurants wurden *off limits*, wie es in Deutschland nach 1945 hieß. Der General begründete die Maßnahme folgendermaßen: «Dies wird die Juden auf eine Weise dort treffen, wo diese Rasse am empfindlichsten ist, nämlich am Geldbeutel.»!

Der Terror ging sogar nach der Gründung des Staates Israel weiter. Die Weltorganisation ernannte einen Vermittler, der für Sicherheit und Frieden wirken sollte. Graf Folke Bernadotte, Mitglied der schwedischen Königsfamilie, hatte im Februar 1945 nach schwierigen Verhandlungen mit Heinrich Himmler mehr als zwanzigtausend überlebende Lagerinsassen nach Schweden bringen können. Am 17. September 1948 wurde er vom LEHI, der Gruppe Stern, ermordet. Ein Ultimatum Ben Gurions an den Irgun von Menachem Begin – dessen Organisation mit dem Attentat nichts zu tun hatte – zwang dessen Mitglieder, in die israelische Armee einzutreten und dem Staat Treue zu schwören. Bereits vorher hatte Ben Gurion ein Schiff mit Waffen für die terroristische Gruppe schlicht bombardieren lassen.

Dass sich die britische Haltung während der Ausübung des Mandats nicht veränderte, bewies im Juli 1947 das Schicksal des von der Haganah gemieteten Schiffes *President Warfield*, das auf

Exodus 47 umgetauft wurde. An Bord befanden sich 4554 ehemalige KZ-Häftlinge, darunter 1282 erwachsene Frauen, 1600 Männer, 1017 Jugendliche und 655 Kinder. Offiziell ging der Weg nach Südamerika mit kolumbianischen Visa, das eigentliche Ziel war die illegale Einwanderung nach Palästina. Großbritanniens Außenminister Bevin protestierte beim französischen sozialistischen Ministerpräsidenten Paul Ramadier, der aber zionismusfreundlich war. Aufgrund einer Sondererlaubnis des französischen Innenministeriums hatte die *Exodus* vom Hafen Sète aus in See stechen können.

Sie gelangte bis an die Küste Palästinas, wurde dort aber von der Royal Navy angegriffen. Die britischen Matrosen wurden nach mehreren Stunden des Kampfes Herr über das Schiff, das zunächst nach Haifa geführt wurde. Dort verfrachtete man die Passagiere mit Gewalt in drei Gefängnisschiffe und brachte sie in den französischen Hafen Port-de-Bouc zurück. Der Sprecher der französischen Regierung, François Mitterrand, erklärte, dass die Passagiere nicht gezwungen würden, an Land zu gehen, und ihnen, wollten sie auf dem Schiff bleiben, jede Hilfe erteilt werde. Trotz furchtbarer Lebensbedingungen an Bord blieben sie drei Wochen lang auf den drei Schiffen im Hafen. Schließlich ging der Weg weiter nach Hamburg. Die Bilder dieser letzten Station gingen um die Welt und beeinflussten die öffentliche Meinung erheblich: Mit Wasserwerfern und Knüppeln zwangen britische Soldaten die ehemaligen KZ-Häftlinge zum Aussteigen und brachten sie in zwei Lager, wo sie hinter Stacheldraht eingepfercht wurden.

Schließlich entschloss sich Großbritannien, das Mandat aufzugeben und das Schicksal Palästinas den jungen Vereinten Nationen anzuvertrauen. In der Zwischenzeit hatte sich auch das offizielle Ziel der zionistischen Bewegung verändert. Im August 1946 hatte in Paris ihre Exekutive getagt. David Ben Gurion schlug dort zunächst einen Text vor, der jede Form der britischen Präsenz in Palästina verurteilte und die sofortige Schaffung eines jüdischen Staats forderte. Er ließ sich dann von Nahum Goldmann, einem amerikanischen Zionisten deutscher Geburt, überzeugen, die Schaffung eines lebensfähigen jüdischen Staats auf einem hinreichend großen Teil der Erde Israels zu verlangen, was eine Teilung Palästinas ins Auge fasste.

In diesem Sinne erging auch die Empfehlung einer Voruntersuchung der UNO. Am 29. November 1947 kam es zur Abstimmung in der Vollversammlung. Mit 33 gegen 13 Stimmen und 10 Enthaltungen beschloss die UNO die Teilung Palästinas. Der arabische Staat würde 11 500 km² bedecken, mit 804 000 arabischen und 10 000 jüdischen Einwohnern; der jüdische 14 100 km², mit 558 000 jüdischen und 405 000 arabischen Einwohnern. Zudem sollte eine internationalen Zone mit Jerusalem und Bethlehem eingerichtet werden, in der 100 000 Juden und 105 000 Araber leben würden. Die Zweidrittelmehrheit der abgegebenen Stimmen (31) kam durch das Zusammengehen der USA mit der Sowjetunion und ihren Satelliten zustande. Alle arabischen Mitgliedstaaten stimmten mit Nein. Die zunächst geplante französische Stimmenthaltung wurde durch den Regierungschef Léon Blum in ein Ja verwandelt.

Als am 14. Mai 1948 das britische Mandat zu Ende ging, verkündete David Ben Gurion als Oberhaupt der Provisorischen Staatsregierung die Gründung des Staates Israel. In der langen Unabhängigkeitserklärung heißt es:

«Im Lande Israel entstand das jüdische Volk. Hier prägte sich sein geistiges, religiöses und politisches Wesen. Hier lebte es frei und unabhängig. Hier schuf es eine nationale und universelle Kultur und schenkte der Welt das Ewige Buch der Bücher. Durch Gewalt vertrieben, blieb das jüdische Volk auch in seiner Verbannung seiner Heimat in Treue verbunden ...

Die Katastrophe, die in unserer Zeit über das jüdische Volk hereinbrach und in Europa Millionen von Juden vernichtete, bewies unwiderleglich, dass das Problem der jüdischen Heimatlosigkeit durch die Wiederherstellung des jüdischen Staates im Lande Israel gelöst werden muss, in diesem Staat, dessen Pforten jedem Juden offen stehen ...»

Die geschichtliche Darstellung im ersten Absatz lässt sich bestreiten und der Begriff der Heimatlosigkeit schafft in Deutschland wie in den anderen Ländern echte Probleme für die jüdische Identität. Weiter heißt es unter anderem:

«Der Staat Israel wird der jüdischen Einwanderung und der Sammlung der Juden im Exil offen stehen. Er wird sich der Entwicklung des Landes zum Wohle aller seiner Bewohner widmen. Er wird auf Freiheit, Gerechtigkeit und Frieden im Sinne der Visionen der Propheten Israels gestützt sein. Er wird all seinen Bürgern ohne Unterschied von Religion, Rasse und Geschlecht soziale und politische Gleichberechtigung verbürgen ...»

Dass der angekündigte Frieden noch nicht da war, davon zeugt einer der letzten Absätze:

«Wir wenden uns – selbst inmitten mörderischer Angriffe, denen wir seit Monaten ausgesetzt sind – an die in Israel lebenden Araber mit dem Aufrufe, den Frieden zu wahren und sich aufgrund voller bürgerlicher Gleichberechtigung und entsprechender Vertretung in allen provisorischen und permanenten Organen des Staates an seinem Aufbau zu beteiligen.»

Gleich nach der Abstimmung der UN-Vollversammlung wurde in Jerusalem ein Omnibus mit jüdischen Passagieren angegriffen. Es gab sieben Tote. Fast überall – in Jerusalem, in Tel Aviv, in Haifa – kam es zu Gewalt und Gegengewalt. Innerhalb von zwei Wochen fanden 93 Araber und 84 Juden den Tod. Die Armeen arabischer Staaten griffen den gerade geborenen Staat an. Ein Krieg hatte begonnen, den Israel gewinnen sollte und der viele arabische Dörfer zerstören und Hunderttausende Araber außerhalb Palästinas landen lassen würde.

Was ist damals geschehen? Wie hat Israel den Krieg gewonnen? Wie verhielten sich die israelischen Einheiten gegenüber der arabischen Bevölkerung? Was war Vertreibung? Was war Flucht? Über Jahrzehnte herrschte eine orthodoxe israelische Fassung der Geschichte. Nicht dass die Formel «Ein Volk ohne Land für ein Land ohne Volk» aufrechterhalten wurde: dass es eine arabische Bevölkerung gegeben hatte, war unbestritten. Aber David, das schwache Israel, hatte Goliath, die arabischen Armeen, besiegt. Diese hatten die arabischen Bewohner aufgefordert zu fliehen; die meisten hatten ihre Heimat aus Angst spontan verlassen.

Diese Darstellung wurde seit den achtziger Jahren von den «neuen Historikern» in Frage gestellt, wenn nicht zerpflückt. Eine Gruppe haben sie nie gebildet, aber zwei Gegebenheiten galten für alle. Zum einen standen nach dreißig Jahren die Archive offen. In Großbritannien, in den USA und auch – mit jedenfalls in französischen Augen erstaunlicher Aufrichtigkeit – in Israel. Zum anderen wollte eine neue Generation die Vergangenheit wissenschaftlich aufarbeiten, anstatt sie zu verklären und für die Politik nach innen und nach außen dienstbar zu machen.

Die heutige Bilanz enthält sowohl Bewiesenes als auch Ungewisses. Der erste, der die Flucht als Vertreibung dargestellt hat, ist Benny Morris, seit 2003 Professor für die Geschichte des Nahen Ostens an der Ben-Gurion-Universität. Unter dem Titel «Geschichtsschreibung und Politik» hat er jüngst in der Zeitschrift *Internationale Politik* (Mai 2008) etwas melancholisch geschrieben, dass auch zumindest einige der «neuen Historiker» die Wissenschaftlichkeit zugunsten des politischen Engagements verlassen hätten. Er nennt insbesondere Ilan Pappe, dessen Buch *Die ethnische Säuberung Palästinas* in Deutschland 2007 vom kleinen Verlag Zweitausendeins ein Jahr nach der englischen Originalausgabe veröffentlicht worden ist.

Morris führt keine genauen Beispiele von Verzerrungen oder Fälschungen an. Sollte er sich beispielsweise auf die Darstellungen des Massakers von Tantura beziehen, so darf Pappes Beweisführung nicht unerwähnt bleiben. Er stützt sich auf die Doktorarbeit des israelischen Studenten Teddy Katz, der in Flüchtlingslagern Interviews mit Überlebenden geführt hatte. Die Dissertation war nachträglich von der Universität disqualifiziert worden. Aber in wessen Namen sagen arabische Überlebende eines Verbrechens notwendigerweise die Unwahrheit, während die Überlebenden anderer Verbrechen ohne weiteres als glaubwürdig gelten?

Der Krieg an sich ist heute beinahe zur Nebensache geworden. Die israelischen Truppen waren viel besser bewaffnet und die arabischen viel schlechter, als es verklärend behauptet wurde und noch behauptet wird. Die Frage der Vertreibung steht weiterhin im Mittelpunkt der Debatte. Manchmal könnte man gar an eine Annäherung der israelischen und der arabischen Deutung glauben, so zum Beispiel, als im Januar 2001 bei einer Historiker-Konferenz in Taba ein Entwurf zu einer gemeinsamen Darstellung der Ereignisse von 1947/48 vorgelegt wurde. Aber letztlich kam es doch zu keiner Einigung, die ein Abkommen wie vorher das deutsch-französische oder das deutsch-polnische erlaubt hätte.

Die beste Zusammenfassung des aktuellen Standes der Debatte bringt vielleicht das Buch von Dominique Vidal aus dem Jahr 2002, das leider mit einem völlig einseitigen Titel und einem ungenauen Untertitel versehen wurde: *Le péché originel d'Israël. L'expulsion des Palestiniens revisitée par les «nouveaux historiens» israéliens* («Die Ursünde Israels. Die Vertreibung der Palästinenser neu untersucht von den ‹neuen israelischen Historikern›»). Das Buch enthält nämlich auch die Antworten einer ‹neuen Orthodoxie›.

Was wirklich unbestritten sein sollte, ist die Rolle von David Ben Gurion in der schon blutigen Zwischenzeit vom UN-Beschluss bis zur Staatsgründung. Seine Reden und seine Memoiren stehen im Widerspruch zu seinen Aufzeichnungen aus der Zeit. Nicht dass es einen genauen, allgemeingültigen Befehl zur Austreibung gegeben hätte. Nicht dass er den von den beiden Irguns – der von Begin und der von Shamir – begangenen Massenmord in Deir Yassine am 9. April 1948 gebilligt hätte. Aber er war weniger um den Sieg besorgt, der ihm doch wahrscheinlich schien, als um die Eroberung neuen Bodens für die zukünftigen jüdischen Immigranten auf Kosten der arabischen Besitzer oder Einwohner. Insbesondere der Plan Dalet vom 10. März 1948 zeigt, dass man eroberte Dörfer zerstören und die Bevölkerung vertreiben wollte. Chaim Weizmann, der erste Präsident Israels, hatte vor der UNO erklärt, dass die Juden sich nicht an Rechten und Territorien der Araber vergreifen würden. Es ist aber ganz anders gekommen.

Zum 60. Jahrestag der *Nakba* (Katastrophe), der Vertreibung, hat die Organisation Palästina-Solidarität in Basel ein großes doppeltes Faltblatt in 20 000 Exemplaren gedruckt. Darin ist von 531 zerstörten Dörfern die Rede. Es behandelt die damaligen Geschehnisse und schildert dann die Tragödie der Palästinenser bis zum heutigen Tag. Was die Vergangenheit angeht, stützt es sich etwas zu sehr auf Ilan Pappe, aber es bringt auch Feststellungen, von denen mir eine völlig berechtigt zu sein scheint, während eine andere noch diskutiert werden soll.

«Viele Menschen haben aus Schuldgefühl Hemmungen, Israel zu kritisieren, da in Europa Millionen von jüdischen Mitmenschen ermordet, verfolgt und beraubt wurden. Die historische Schuld kann aber nicht auf den Nahen Osten und die dortige arabische Bevölkerung abgeschoben werden. Erlittenes Unrecht kann für die Nachfolger der einst Verfolgten und Ermordeten kein Freibrief sein, andere Gesellschaften zu zerstören. Die Palästinenser haben dasselbe Recht auf ein gesichertes Leben wie alle anderen Menschen auch.»

«Ein ‹jüdisch› definierter israelischer Staat ist keine Voraussetzung für Frieden, da er zwangsläufig mit Verdrängung, Vertreibung und Unterdrückung der nicht-jüdischen einheimischen Bevölkerung einhergeht.»

Die letzte Seite betrifft die «Anhaltende Vertreibung 1948–2008.» Es müsste fast alles zitiert werden, denn das meiste entspricht doch den Tatsachen. Unter anderem: «Seit 2002 erfährt die Politik der Vertreibung in den besetzten Gebieten und in Jerusalem durch den Mauerbau, Häuserzerstörungen, Landenteignungen und den Entzug des Aufenthaltsrechts eine erneute Zuspitzung ... Sie (die Mauer) trennt die illegalen jüdischen Siedlungen, Wasserquellen und fruchtbares Ackerland von den palästinensischen Städten und Dörfern ... Viele PalästinenserInnen erreichen nicht einmal mehr in der Westbank ihre Arbeitsstelle und sind oft von Verwandten, Spitälern und Schulen abgeschnitten ... Bereits die Hälfte dieses Gebiets (Jordanland) wird durch illegale Siedlungen kontrolliert, große Teile wurden zusätzlich zu militärischen Sperrzonen erklärt ... Der Zugang zum Tal wird vollständig durch Checkpoints der israelischen Armee kontrolliert.»

Wie steht es aber mit der Forderung nach Rückkehr der Vertriebenen und Flüchtlinge? Es stimmt, dass es im Gaza-Streifen, in der Westbank, in Jordanien, Syrien und Libanon beinahe sechzig offizielle Lager gibt, in denen Menschen weiterhin unter erschreckenden Bedingungen leben müssen. Aber zunächst einmal geht es um Zahlen, und zwar unter derselben Fragestellung wie im Falle Deutschlands: Inwiefern sind die Kinder und Enkel der Vertriebenen noch selber Vertriebene?

Ganz anders als in Deutschland ist die Aufnahmepolitik. Die arabischen Staaten haben stets behauptet, sie seien alle Teil der großen arabischen Nation. Das hat sie aber nicht dazu gebracht, die Palästinenser in größerer Zahl aufzunehmen und zu assimilieren. Man ließ sie absichtlich in ihren Lagern, einerseits um andere – die UNO – für ihren kargen Unterhalt zahlen zu lassen, andererseits um die Forderung nach Rückkehr aufrechtzuerhalten. Die noch arme Bundesrepublik hat einen Lastenausgleich vollbracht und die Vertriebenen so gut wie möglich integriert, sodass das

Festhalten des Bundes der Vertriebenen an einem Rückkehrrecht fast immer unbeachtet und politisch unwesentlich geblieben ist. Eine massive Rückkehr der Palästinenser ist völlig ausgeschlossen, nicht nur, weil die verlassenen Dörfer gar nicht mehr bestehen, sondern auch, weil Israels Gesellschaft so gravierend verändert würde, dass dies keine israelische Regierung zulassen kann. Aber im Gegensatz zu dem, was oft behauptet wird, hat es bei den letztlich gescheiterten Verhandlungen Momente gegeben, wo die palästinensische Seite sich mit einer begrenzten, eher symbolischen Rückkehr begnügt hätte.

Auf palästinensischer Seite beruft man sich gerne auf die Resolution 194 der UN-Vollversammlung vom 4. November 1948, die die Rückkehr der palästinensischen Flüchtlinge forderte. Dieser Text ist völlig überholt, lässt jedoch eine Frage aufkommen, die hier nicht zum letzten Mal gestellt sein soll: Israel beruft sich immer wieder auf die Resolution von 1947 – wie kann es dann ständig andere Resolutionen der UNO als lästig und nicht zwingend behandeln? Überdies sollte man auf israelischer Seite bereit sein, dem palästinensischen Gesprächspartner geduldig zu erklären, warum nach sechzig Jahren kein Anspruch auf Rückkehr gestellt werden darf, wo doch Israel aus dem Gedanken einer Rückkehr nach zwei Jahrtausenden entsprungen ist.

Israel ist an sich ein normaler Staat, der ähnliche Probleme haben mag wie andere demokratische Staaten auch. Mit seinen Reichen und seinen Armen, seinen Extremisten und seinen Gemäßigten – die es eben wegen ihrer Mäßigung manchmal schwer haben, sich Gehör zu verschaffen –, mit Unterschieden in der Verteilung des Wissens und der Kultur. Zu seinen Besonderheiten zählt etwa, dass Israel zu den weltweit Besten auf dem Gebiet der neuen Technologien gehört, mit verhältnismäßig mehr High-Tech- und Start-up-Unternehmen als anderswo. Das Gleiche gilt für die Dichte der Universitäten und anderen Lehr- und Forschungseinrichtungen.

Im Vergleich zu seiner eigenen jungen Vergangenheit hat sich Israel sogar in doppelter Hinsicht «normalisiert». Die landwirtschaftliche Pionierzeit ist vorüber. Weniger als 2 % der Israelis wohnen in einem Kibbuz, obwohl sie dort sowieso kaum noch mit gleichem und geteiltem Einkommen versehen sind und ihre Kinder nicht mehr gemeinschaftlich geschult und erzogen werden. Aus den 800 000 Einwohnern von 1968 sind sechzig Jahre später mehr als sieben Millionen geworden. Dabei ist der Anteil der Immigration am Bevölkerungswachstum immer geringer geworden und von 65 % auf 15 % gesunken. Die in Israel geborenen Sabras bilden 68 % der jüdischen Bevölkerung. Immerhin sind circa 1,6 Millionen im Ausland geboren, darunter mehr als 705 000 in der ehemaligen Sowjetunion, 224 000 im übrigen Europa, 240 000 in Nordafrika, 209 000 im Mittleren Osten, 81 000 in Nordamerika, 63 000 in Äthiopien. Die Einwanderung lag 2007 bei unter 20 000 Personen, weil es in den Ländern der ehemaligen Sowjet-union kein Reservoir mehr gibt und weil so wenige Immigranten aus den USA und Frankreich kommen.

Das öffentliche Leben kennt eine nicht in allen Demokratien vorhandene Freiheit der Kritik, allerdings begrenzt durch einen gewissen Druck zur Konformität über die Grundfragen. Aber dissidente Stimmen können in Rede und Schrift Analysen veröffentlichen, die in den USA, in Frankreich oder in Deutschland als antisemitisch gebrandmarkt würden. Die Wahlen sind frei, die Parteibildungen auch. Leider hat das Land ein Wahlgesetz, das vieles an der Politik den Arabern gegenüber erklärt.

Natürlich ist die Verhältniswahl gerechter als die Mehrheitswahl, die zum Beispiel in Großbritannien die Liberalen erdrückt und dazu führt, dass sie bisweilen mit 20 % der Stimmen nur 2 % der Mandate erhalten. Aber wenn auch die kleinste Gruppe, und sei es mit nur 2 % der Stimmen, Sitze in der Knesset erhält, so besteht die Gefahr, dass zahlenmäßig schwache extreme Parteien unentbehrlich werden, wenn eine große Partei eine Mehrheit zur

Regierungsbildung erreichen will. Wie in Deutschland können natürlich zwei große Parteien zusammen eine Koalition bilden, die dann jedoch besorgt sein muss, den Extremen nicht allzu viel Propagandastoff für die nächste Wahl zu liefern.

Allerdings sind diese großen Parteien nicht diejenigen, die in Israel von Beginn an immer wieder an der Macht waren. Die Wahl vom 10. Februar 2009 hat in diesem Sinn erstaunliche Resultate gezeitigt. Die Mapaï, die Partei Ben Gurions, hat von 1948 bis 1977 regiert und war dann noch zweimal, unter Itzhak Rabin (1992–1995) und unter Ehud Barak (1999–2001), an der Macht. Nun muss sich die Nachfolgepartei Avoda als vierte Fraktion mit 13 Sitzen begnügen, gegenüber den 28 der Kadima, den 27 des Likud und den 15 von Israel Beitenu («Israel, unser Haus») des Avigdor Lieberman.

Der Likud von Benjamin Netanjahu ist nicht mehr ganz die 1973 von Menachem Begin gegründete Partei, die damals der nationalistischen Herut entsprungen war. Nach der Evakuierung von Gaza hatte Ariel Scharon 2005 den Likud verlassen und die Kadima («Vorwärts») gegründet, zu der Mapaï-Größen wie Shimon Peres stießen und die nun unter Tzipi Livni die meisten Abgeordneten hat, sich aber in der Opposition befindet.

Die ehemalige Linkspartei Mapam hat nun als Meretz («Mut»), trotz der Unterstützung durch Menschenrechtler und Verteidiger eines weltlichen Israels, nur noch drei Sitze. Im Ganzen sind zwölf Parteien in der Knesset vertreten, deren Zusammensetzung und Sitzverteilung einem starken Ruck nach rechts entspricht, vor allem durch den Erfolg von Lieberman, dessen Wählerschaft weit über die der Bürger russischer Abstammung hinausreicht.

Liebermans Ideologie fußt zugleich auf Nationalismus und auf *laïcité*, das heißt auf der weltlichen Gestaltung des Landes, was einerseits den Orthodoxen widerspricht und andererseits auf eine Art jüdische Exklusivität der Bürgerschaft zielt, so etwas wie ein «Nichtjuden-reines» Land. Dadurch steht weiterhin die Frage im

Raum, was eigentlich Israel als jüdischer Staat sei. Wer Jude ist, bestimmen immer noch die orthodoxen gerichtlichen Einrichtungen nach den alten Grundsätzen, was vielen Israelis den Zugang zu den standesamtlichen Papieren erschwert. Aber, wie gesagt, die Einwanderer aus Russland fühlen sich als Juden, wählen und werden in die Armee eingegliedert als normale jüdische Bürger, auch wenn ihre Mutter nicht Jüdin war, auch wenn sie nicht beschnitten wurden. Und nur als jüdischer Staat kann Israel der Welt verkünden, dass alle Juden der Welt den Anspruch haben, in Israel aufgenommen und dann dort als Bürger betrachtet und behandelt zu werden.

1961 hat sich darüber hinaus das israelische Selbstverständnis grundlegend gewandelt. Warum dieses Datum? Weil damals Adolf Eichmann gerichtet und dann hingerichtet worden ist. Bis dahin – und vor allem am Anfang, als David Ben Gurion gewissermaßen den Staat Israel ins Leben rief – wurde die Staatsgründung selten und nur am Rande mit der Shoah in Verbindung gebracht. Der Eichmann-Prozess stellte einen Wendepunkt dar, und seitdem ist so etwas wie eine Staatsreligion der Shoah geschaffen worden, die aus Israel ein Land der Opfer und ihrer Nachkommen machte.

Am 25. März 1991 wurde mir erlaubt, im französischen öffentlich-rechtlichen Fernsehsender FR 3 den Film *Izkor. Les esclaves de la mémoire* (Die Sklaven der Erinnerung) von Eyal Sivan mit einem längeren Vorwort einzuführen. Dieses Vorwort ist mir vom israelischen Autor vorgeworfen worden, weil es zu zurückhaltend gewesen sei. Mein Text wurde dann im Juli von *Points critiques. Revue trimestrielle des Juifs progressistes de Belgique* veröffentlicht. Ich erlaube mir, einiges daraus übersetzt wiederzugeben:

«Beim Betrachten dieser Art Indoktrinierung der Erinnerung dachte ich mit Freude an das, was ich als junger immigrierter jüdischer Deutscher in der Elementarschule erlebt habe, nämlich die stark chauvinistische Indoktrinierung durch die *Histoire de France*, dank derer ich ein völlig assimilierter Franzose geworden bin. Ich glaube, es ist das erste Wichtige im Film: Der vergangene Schmerz wird betont, um eine Art Verschmelzung der neuangekommenen Israelis und ihrer Kinder zu erreichen. Im Film werden Sie junge Israelis sehen, von denen manche wie ‹große blonde Arier› aussehen und andere genau wie junge Araber. Israel ist, so könnte man sagen, ein multirassischer Staat. Die Erinnerung an die Shoah soll insbesondere die Menschen dieses Staates vereinen ... Das galt vor allem, als es die ganze Immigration aus Gegenden gab, die von Hitler und seinem Willen zur Vernichtung nicht erreicht worden waren ...

Aber was ist der Inhalt dieser Erinnerung? Einige Formulierungen der Ausbilder im Film haben mich aufgeschreckt. ‹Vergessen wir nicht! Verzeihen wir nicht! Das jüdische Blut schreit nach Rache!› Wem nicht verzeihen? Gegen wen die Rache ausüben? Zwei Antworten sind da möglich. Die erste betrifft die Deutschen. Einmal erscheint ein junger deutscher Pfadfinder im Film. Es wird gesagt, er gehöre der neuen Generation an. Darüber habe ich mich geärgert. Er wird ungefähr 1973 geboren sein. Seine Eltern sind nach dem Krieg geboren, und sein Großvater war bei Kriegsende wahrscheinlich dreiundzwanzig. Die neue Generation ist also in Wirklichkeit bereits die dritte.

Die zweite Antwortmöglichkeit betrifft vielleicht die jungen Araber. Das ist fürchterlich, denn wenn man ein Recht zur Rache an den Arabern ableitet – und im Film heißt es mehrmals schlicht DIE Araber –, nur weil Deutsche die Juden haben ausrotten wollen, dann ist der Gedanke schrecklich, man solle sich rächen an Arabern, die mit der Vernichtung nichts zu tun hatten ...

Die Erinnerung, man muss sie bewahren. Alles vergangene Leiden, man darf es nicht in Vergessenheit geraten lassen. Unter einer Bedingung: dass diese Erinnerung zweierlei zeitigt. Zunächst ein Verständnis für das Leiden anderer Menschen, anderer Gemeinschaften. Bei allem, was der Film zeigt, gibt es keine Stelle, in der ein solches Leiden, sei es das arabische, auch nur angedeutet wird. Und dann, dass das Leiden in der Vergangenheit ein heutiges Verantwortungsgefühl hervorbringt und nicht ein Recht begründet, im Namen der Vergangenheit anderen neues Leiden aufzuerlegen.»

Seit diesem in Israel stark kritisierten Film ist die Shoah in noch stärkerem Maße – nach innen und nach außen – zu einem Wesenselement der israelischen Identität geworden. Im selben Jahr 1991 hat Theo Klein, damals Präsident des CRIF und des Europäischen Jüdischen Kongresses, diese Einstellung in seinem Buch *L'Affaire du Carmel d'Auschwitz* hart kritisiert: «Die jungen Leute (in Israel) ... rechtfertigen sogar ihre Identität, ihr Judentum durch diese exklusive und unnachgiebige Erinnerung an die Shoah. Sie entwickeln damit das, was ich ein todverbundenes Judentum nennen möchte ... Unsere Trauer, unsere Toten, so heilig sie uns auch sein mögen, löschen niemals die Trauer und die Toten der anderen aus. Unsere Empfindsamkeit ist ebenso achtbar – aber nicht mehr – wie die der anderen.»

Ein neuer Höhepunkt dieser Identifizierung scheint mir die Feier zum 60. Jahrestag der Gründung des Staates Israel gewesen zu sein. Der Festredner war ein amerikanischer Jude, der die freie Entscheidung getroffen hatte, nicht in Israel zu leben und nicht das tägliche Schicksal seiner Bürger zu teilen. Aber Elie Wiesel war ein weltbekannter Überlebender der Shoah.

Der Staat Israel wäre nicht ohne Waffen und Armee entstanden. Die Streitkräfte, Tsahal genannt, wurden dann zu einem Wesenselement des Staates, dem ungefähr ein Fünftel des Haushalts gewidmet ist. Ihre Kraft und auch ihre politischen Einflussmöglichkeiten beruhen auf der engen Verknüpfung zwischen Armee und Zivilgesellschaft. Sie ergibt sich durch den Militärdienst und durch die Möglichkeit, zu den circa 200 000 Soldaten jederzeit 400 000 Reservisten zu gesellen. Tsahal ist mit seinen Panzern, Kampfflugzeugen, Hubschraubern, Schiffen und U-Booten bei weitem die stärkste Armee im Nahen Osten. Waffen und Unterstützung zum Waffenkauf kommen weitgehend aus den USA. Zusätzlich verfügt Israel auch über atomare Waffen. Dieses offene Geheimnis ist mehrfach willkürlich oder unwillkürlich enthüllt worden. In ihren Besitz wäre Israel nicht gelangt, wenn Frankreich nicht wenigstens anfangs dabei geholfen hätte.

Dass die Außenpolitik Israels ständig auf die besonderen Beziehungen zu den Vereinigten Staaten gegründet war, ist unbestreitbar, wenn es auch manchmal Spannungen mit diesem oder jenem amerikanischen Präsidenten gegeben haben mag. Eine diplomatische Hilfe sind die amerikanischen Vetos im UN-Sicherheitsrat gewesen, die mit wenigen Ausnahmen eingelegt wurden, sobald eine Resolution israelkritisch war. Die Beziehungen zu Frankreich sind viel wechselreicher und komplizierter gewesen.

Zur Zeit der Vierten Republik kam es zu einer freundschaftlichen, fast brüderlichen Zusammenarbeit; nicht nur, weil es große Sympathien für Israel gab, sondern weil man einen gemeinsamen Feind hatte, Gamal Abdel Nasser. Dieser unterstützte einerseits die algerische FLN, andererseits die Israel bekämpfenden Fedayin. 1956 kam es, mit Großbritannien als Drittem im Spiel, nach der Verstaatlichung des Suez-Kanals zum gemeinsamen Krieg, der, trotz militärischer Siege, durch den gemeinsamen Druck der USA und der Sowjetunion ein klägliches Ende fand.

Danach wurde die israelisch-französische Zusammenarbeit sogar noch enger. Auf israelischer Seite förderte Shimon Peres die Verbindungen zwischen beiden Verteidigungsministerien und Generalstäben. Paris schickte Hunderte von Technikern zum Ausbau des nuklearen Forschungszentrums von Dimona im Negev. Das geschah allerdings nicht nur, um zu helfen, sondern auch, weil man hoffte, die Amerikaner hätten Israel einige Geheimnisse zum Bau von Atombomben verraten, von denen man profitieren könnte, da man sich ja selbst anschickte, Atommacht zu werden.

Als de Gaulle im Juni 1958 wieder an die Macht kam, ließ er jegliche atomare Zusammenarbeit unterbrechen, mit Israel ebenso wie mit der Bundesrepublik (und das trotz des Abkommens, das Franz Josef Strauß und sein Kollege Jacques Chaban-Delmas heimlich abgeschlossen hatten). De Gaulle verbot auch jegliche direkte Zusammenarbeit der beiden Armeen und der beiden Verteidigungsministerien. Trotzdem scheint so etwas wie eine Freundschaft zwischen de Gaulle und Ben Gurion entstanden zu sein. Als der israelische Premier am 6. Juni 1961 zu einem Staatsbesuch in Frankreich war, trank der General bei einer Tischrede für seinen Gast auf «Israel, unser Freund und unser Verbündeter».

Während der Krise von 1967 wurde er jedoch immer kritischer gegenüber Israel. Er warnte vor jeder militärischen Initiative, und als das Land den Sechs-Tage-Krieg begann und bald schon gewonnen hatte, wurde seine Kritik noch drastischer. Während einer Pressekonferenz am 27. November 1967 kam er auf die Geburt Israels zurück und sagte: «Man fragte sich sogar bei vielen Juden, ob die Ansiedlung *(implantation)* dieser Gemeinschaft auf einem mehr oder weniger rechtmäßig erworbenen Boden, inmitten feindlich gesinnter arabischer Völker, nicht dauernde, unendliche Konflikte zeitigen würde.» Und dann verwendete er für die Juden eine Bezeichnung, die einen Sturm der Entrüstung hervorrief: *peuple d'élite, sûr de lui-même et dominateur* – «Elitevolk, selbstsicher und herrisch». Eine vielbeachtete Karikatur zeigte daraufhin einen jüdischen Häftling, der stolz, mit verschränkten Armen, den Fuß herausfordernd auf den Stacheldraht setzt. Die Bildunterschrift lautete schlicht: *sûr de lui-même et dominateur*.

In den folgenden Jahrzehnten sind die Beziehungen schwankend gewesen, besonders vor, während und nach dem Krieg von 1973, wie es Freddy Eytan in *David et Marianne. La France, les Juifs et Israël* 1986 gut gezeigt hat. Eine Kontinuität wie die der bundesdeutschen Politik hat es auf französischer Seite nicht gegeben.

Was nun die israelische Seite betrifft: Kann es eine im Sinne internationaler Beziehungen «normale» israelische Außenpolitik geben, solange diese nur von einem inneren Problem beherrscht wird? Fast jedes Verhältnis zu einem anderen Staat wird danach gestaltet, welche Einstellung dieser zum Konflikt mit den Palästinensern hat und wie er darauf einwirkt, oder ob er über die Möglichkeit verfügt, Israels Sicherheit zu bedrohen. Das galt für den Irak, was zur Zerstörung von dessen Atomreaktor Osirak führte. Das gilt für den Iran, wobei man sich fragen darf, ob dieser sich nicht anders verhielte, wenn er nicht ausschließlich als Bedrohung betrachtet würde. Dies jedenfalls legt das mutige kleine Buch von Christoph Bertram *Partner, nicht Gegner. Für eine andere Iran-Politik* (2008) nahe. Aber in dieser Frage, wie in so gut wie allen anderen, geht es ja nicht um Weltpolitisches, sondern um das Verhältnis zu den Arabern – den arabischen Staaten, den arabisch-moslemischen Bürgern Israels und vor allem den Einwohnern der «Gebiete» und Gazas. Sei es unter Einschluss der Organisationen, die beanspruchen, sie zu vertreten, oder ohne sie.

Zwei für das israelisch-arabische Verhältnis grundlegende Fragen sollten an dieser Stelle zumindest erwähnt werden. Die eine: Wie zwingend war die Umsetzung der Resolution 242 des Sicherheitsrats vom 22. November 1967, die Israel aufforderte, *die* Gebiete (französische Fassung) oder lediglich Gebiete (englische Fassung) zu verlassen, die seine Armee besetzt hatte? Der Sinai ist 1978 nach dem Friedensvertrag zwischen Israel und Ägypten evakuiert worden, Gaza wurde 2005 geräumt. Bleiben der Golan, die Westbank und Ost-Jerusalem. Waren die von der Resolution betroffen oder nicht?

Die andere Frage lautet: Inwiefern ist die Weigerung der arabischen Seite, den Staat Israel offiziell anzuerkennen, mit dem Willen verbunden, seine Existenzberechtigung schlechthin zu verneinen, Israel gar zu vernichten? Bereits bei ihrem Gipfeltreffen von Khartum 1967 verkündeten die arabischen Staaten zwar ihr dreifaches Nein (zur Versöhnung mit Israel, zu Verhandlungen und zur Anerkennung), sprachen aber nicht mehr von der «Befreiung» Palästinas. Allerdings gründete zur gleichen Zeit Georges Habache die sozialistische Volksfront zur Befreiung Palästinas (PFLP), die jede Zweistaatenlösung radikal ablehnte.

Trotz allem schien der Friede manchmal nahe. Zweimal wurden sogar Friedensnobelpreise verliehen: 1974 an Menachem Begin und Anwar al-Sadat, 1994 an Shimon Peres, Jassir Arafat und Yitzhak Rabin. Letzterer war der große Sieger des Sechs-Tage-Krieg gewesen und hatte die erste Intifada 1987 brutal niedergeschlagen. Dann hatte er erkannt und anerkannt, dass Waffen nicht die Überwindung des Konflikts bringen konnten. So stimmte er der gegenseitigen Anerkennung und der Autonomie der «Gebiete» zu, wofür er am 4. November 1995 ermordet wurde.

Die Persönlichkeit und die Rolle Arafats bleiben im Rückblick viel umstrittener. Er hat Triumphe gefeiert, vor allem die Rede vor der UNO als anerkannter Vertreter des palästinensischen Volkes im November 1974, aber auch schwere Niederlagen hinnehmen müssen, bis hin zu der von Scharon verfügten Ausschaltung als Gesprächspartner im Dezember 2001 und seiner Einschließung in den zerstörten Büros in Ramallah. Seine 1959 gegründete Organisation Fatah war zunächst für die Bekämpfung Israels durch Terror, fand später jedoch zu einer gemäßigten Haltung und gestand Israel das Recht zu, in Frieden und Sicherheit zu leben. Israels Politik scheint am Ende darin bestanden zu haben, ihn als Präsident der palästinensischen Autonomiebehörde zu schwächen, sei es durch heimliche Unterstützung der gewalttätigen Hamas, sei es durch erwiesenermaßen falsche Behauptung, Arafat habe die zweite Intifada entfacht und geleitet. Dem lag ohnehin eine Überschätzung seiner Führungs- und Planungskraft zugrunde.

Verhandlungen und sogar Abkommen, die zu einiger Hoffnung

berechtigten, hat es mehrmals gegeben. Die Schuld an dem jeweiligen Scheitern bleibt umstritten. Von israelischer Seite werden die Angebote an die andere Seite ständig überschätzt. Beispielsweise sagte der damalige israelische Außenminister Shlomo Ben Ami, einer der Hauptverhandler von 2000, später: «Wenn ich Palästinenser gewesen wäre, hätte ich die Vorschläge von Camp David auch zurückgewiesen.» Nach allem, was man heute wissen kann, waren die palästinischen Unterhändler bereit, sich gegen die Anerkennung der Grenzen von vor 1967 mit der symbolischen Rückkehr einiger weniger Flüchtlinge/Vertriebener zu begnügen.

Positive Zeichen hatte es auch im März 2001 gegeben, als die Arabische Liga eine völlige Normalisierung der Beziehungen mit dem Staat Israel vorschlug, sofern dieser sich aus den «Gebieten» zurückzöge. Und ebenso bei der Begegnung Bush-Scharon-Abbas in Scharm el-Scheich im Februar 2005. Bisweilen war der Optimismus allerdings auch recht übertrieben. Wer konnte ernsthaft an die pünktliche Verwirklichung der Road Map des «Nahost-Quartetts» (Europäische Gemeinschaft, UNO, USA, Russland) vom 30. April 2003 glauben? Das Dokument sah vor, dass in einer dritten Phase – 2004/2005 – eine endgültige Regelung das Ende des israelisch-palästinensischen Konflikts mit sich bringen würde!

Eine Hauptschwierigkeit bei den Diskussionen über die «Gebiete» entsteht aus den gegensätzlichen Ausgangspositionen. Auf palästinensischer Seite geht man von den Grenzen von vor 1967 aus und sagt, man könne einen kleinen Teil des betroffenen Gebiets Israel überlassen. Auf israelischer geht man davon aus, einen Anspruch auf *Eretz Israel*, auf den ganzen Boden des biblischen Israels zu haben, wobei man einen Teil davon den Arabern zugestehen könne. Manchmal erschweren innenpolitische Erwägungen das Ganze zusätzlich. Im Januar 2001 sind die ermutigenden Verhandlungen von Taba gescheitert, weil Ehud Barak sie unterbrechen wollte, um bei den von ihm vorgezogenen Wahlen nicht als zu nachgiebig gebrandmarkt zu werden. Auf palästinensischer Seite hat der Unterhändler stets mit Blick darauf gesprochen, dass die Fatah unter dem Druck der Hamas stand.

Denn die Hamas hat alles getan, um jeglichen Kompromiss zu verhindern. Ihre Gewalt erreichte im März 2002 einen Höhepunkt: Beim Anschlag auf das Park Hotel zu Netanya starben über dreißig Menschen, mehr als hundert wurden verletzt. Die systematische Tötung ihrer Führer durch israelische Luftangriffe schwächte ihre Unnachgiebigkeit nicht. Diese wurde vielmehr stets genährt durch das arabische Elend, durch die arabische Hoffnungslosigkeit.

Die Hamas ist 1987 gewissermaßen der Muslimbruderschaft entsprungen, deren Stärke vor allem in Ägypten lag. International als terroristische Organisation bezeichnet, hätte sie durch ihren Wahlsieg im Januar 2006 doch eine gewisse Legitimität erreichen können. Aber, wie das in Algerien die Regierung mit der islamistischen Partei getan hatte, zog man es vor, das Ergebnis der relativ freien Wahl nicht anzuerkennen. Dass die Hamas schlechthin gewalttätig blieb, sah man nach ihrem Wahlsieg in Gaza, wo sie die Fatah blutig ausschaltete, um allein eine brutale Macht auszuüben. Ob sie, wie sie es vor dem Gazakrieg 2008 verkündet hat, wirklich den Staat Israel anerkennen und mit ihm verhandeln würde, wenn die Absperrung von Gaza aufgehoben wäre, bleibe dahingestellt.

Die Hamas kann jedenfalls nicht im Namen der Araber sprechen, die, wenigstens theoretisch, israelische Bürger sind. Israel wiederum kann den Anspruch, ein jüdischer und ein demokratischer Staat zu sein, immer weniger erfüllen. Die arabischen Israelis werden eher als Fremde betrachtet, die man mehr oder weniger gut behandeln kann und die ein Avigdor Lieberman – mittlerweile Außenminister – als Objekt einer erwünschten Umsiedlung woandershin betrachten darf. Für das Wohlergehen der circa 1,5 Millionen Araber – ein Fünftel der Bevölkerung Israels – investiert der

Staat pro Kopf viel weniger als für die jüdische. Unter den 40 Ortschaften, die die höchste Arbeitslosenquote haben, sind 36 palästinensisch. Die meisten Araber fühlen sich besonders schlecht behandelt und auch bedroht, seitdem im Oktober zwölf von ihnen in Galiläa von der Polizei erschossen wurden, ohne dass es nachher einen Prozess gegen die Polizeiführung gegeben hätte.

Weiter belastet werden die Beziehungen zwischen Israelis und Palästinensern durch den Bau der Mauer im und um das Westjordanland. Zwar hat er gewiss stark dazu beigetragen, dass die Zahl der Attentate in Israel drastisch abgenommen hat. Aber war dies sein einziges Ziel? Zwei Gerichte gelangten zu einer anderen Auffassung. 2004 verurteilte der Internationale Gerichtshof in Den Haag das Bauwerk. Und das oberste Gericht Israels hat mehrmals befohlen, den Verlauf der Sperranlagen zu korrigieren, damit nicht zu viele arabische Örtlichkeiten durchschnitten oder Bauern von ihren Feldern getrennt werden. Umgesetzt wurden diese Urteile nicht. Wenn die Mauer wie geplant bis zu Ende gebaut wird, wären beinahe 12 % der Westbank in Israel eingeschlossen, mit 60 Siedlungen.

Der Schutz dieser und der anderen Siedlungen sowie der Straßen, die dorthin führen, haben eine große Anzahl von Checkpoints entstehen lassen, an denen die Araber der Willkür ausgesetzt sind und lange Wartezeiten erdulden müssen. Der Bericht des Brüsseler EU-Kommissars Louis Michel bei und nach seiner Reise im April 2007 zeigte konkret, welche Ursachen die Verelendung der arabischen Bevölkerung hat. Dazu zählt auch, dass die Siedlungen zu viel Wasser verbrauchen, weshalb das Wasserproblem, bereits für Israel schwierig, für die Araber in den «Gebieten» existentiell geworden ist.

Die Siedler sind in ihren Motivationen und in ihrer soziologischen Zusammensetzung sehr verschieden; das hat eine sehr gut angelegte und durchgeführte Forschungsreise von Claire Snegaroff und Michaël Blum ergeben, die in dem Buch *Qui sont les colons? Une enquête, de Gaza à la Cisjordanie* (2005) dokumentiert ist. Dass die Siedler sich im Recht fühlen, hat ihre schwierige Zwangsevakuierung in Gaza vor Augen geführt. Ihr Betragen kann bis zum Fanatismus gehen, so bei den schweren Auseinandersetzungen vom Dezember 2008, als die Besetzer eines Hauses in Hebron sich erbittert gegen die israelischen Soldaten wehrten, die dem Befehl folgten, sie zu evakuieren. Es kam zu einer Art begrenzter jüdischer Intifada, und vor allem zu Ausschreitungen gegen die arabische Bevölkerung der Stadt, die sogar Ehud Olmert als Pogrom bezeichnete.

Die glücklicherweise doch nicht allzu zahlreichen jüdischen Fanatiker berufen sich, wie es auch der Mörder von Rabin getan hat, auf Baruch Goldstein. Der Arzt aus einer Siedlung war am 25. Februar 1994 – am Tag des jüdischen Purim-Festes – während des Ramadans in eine Moschee von Hebron eingedrungen und hatte 29 Muslime beim Gebet erschossen. Eine andere, verständlichere Rechtfertigung für das Eindringen der Siedler nach Hebron war der Bezug auf das Jahr 1929: Wenn es so wenige Juden in der Stadt gibt und so viele Araber, so weil damals ein mörderischer Pogrom die Stadt beinahe «judenfrei» gemacht hatte.

Die Siedlungen sind ständig vermehrt worden, auch zu Zeiten der Versprechen, es nicht zu tun. Und im März 2009 heißt es sogar, es würden weitere große Siedlungen gebaut. Unterdessen wird Ostjerusalem durch massiven jüdischen Wohnungsbau immer mehr «entarabisiert». Was bedeutet da noch der «Friedensprozess»?

Schlimmer noch war die Lage in Gaza, auch vor dem Krieg von 2009. Davon ausgehend, dass die in den Wahlurnen siegreiche Hamas lediglich eine verurteilungswürdige terroristische Organisation sei, hatt Israel die bereits bestehende Blockade der anderthalb Millionen Einwohner des kleinen Gaza-Streifens noch verschärft. Kein Schiff durfte mehr im Hafen landen, der Flughafen nicht mehr benutzt werden. Import und Export waren unmöglich, der Durchgang der Lohnempfänger zu ihren israelischen Arbeitgebern untersagt. Die meisten Bäckereien machten zu, weil sie kein Mehl mehr erhielten. Die Wasserversorgung brach zusammen; sechzehn Stunden pro Tag gab es keinen Strom. Die Berichte der wenigen zugelassenen Besucher, darunter der ehemalige amerikanische Präsident Jimmy Carter, waren voller Einzelheiten über Elend und Verzweiflung. Der vereinbarte Waffenstillstand wurde von Israel insofern nicht eingehalten, als eine Erleichterung der Blockade vereinbart worden war.

Das eigentliche Ende der Waffenruhe kam nicht durch neue, von der Hamas abgeschossene Raketen, sondern durch einen israelischen Angriff auf einen Tunnel. Sechs Palästinenser wurden dabei getötet. Es gibt eine Reihe von Beweisen, dass Israel mindestens seit Juni eine Militäraktion vorbereitete. Lange vor der Bombardierung vom 27. Dezember 2008 durch 88 Flugzeuge waren 400 Ziele festgelegt worden, von denen hundert in vier Minuten mit Bomben belegt werden konnten.

Das Unwahre an einer ganzen Reihe offizieller israelischer Behauptungen fasst in anklägerischer Absicht ein langer Artikel zusammen, den die *London Review of Books* am 29. Januar 2009 veröffentlicht hat. Der Titel lautete «Israel's lies». Der Autor, Henry Siegman, Direktor des US Middle East Project in New York, ist ein ehemaliger «National director of the American Jewish Congress and of the Synagogue Council of America». Er zitierte ein Interview, in dem General Shmuel Zakai, ehemaliger Befehlshaber der Gaza-Division, die israelische Regierung schuldig sprach, während des halben Jahres Waffenruhe nichts getan zu haben, um das tägliche Schicksal der Gaza-Einwohner zu erleichtern.

Siegman weist darauf hin, dass die Hamas keineswegs als Teil eines internationalen Terrorismus anzusehen sei, da sie nicht zu Al-Qaida gehöre und lokal begrenzte Ziele verfolge. Er erinnert an den Terrorismus der zionistischen Bewegung, wobei der Irgun die ersten Anschläge auf die Zivilbevölkerung verübte. In diesem

Sinn sei auch die Hamas eine nationalistische Widerstandsbewegung gegen eine Besatzungsmacht. Seit Anfang November durften nicht-israelische Journalisten nicht nach Gaza einreisen. Das oberste israelische Gericht ordnete an, dass es wenigstens zehn erlaubt sein sollte. Als der israelische Angriff dann begann, war die Sperre für die Medien total, die angreifenden Soldaten durften keine Handys bei sich haben. Nach dem Rückzug von Tsahal beklagte Israel, dass es viele Falschinformationen gegeben hätte. Vielleicht wäre besser berichtet worden, wenn es die israelische Sperre nicht gegeben hätte.

Es ging um das Ausmaß der Zerstörungen, um den Anteil der normalen Bevölkerung – Frauen, Kinder und Greise inbegriffen – unter den Hunderten von Toten. Auch um die Waffen, die benutzt worden waren, darunter Spreng- und Phosphorbomben. Sollten diesbezüglich die verschiedenen karitativen Organisationen, darunter die UN-Mission in Gaza, und die anderen Zeugen tatsächlich gelogen haben, so hätte Israel sofort eine oder mehrere internationale Untersuchungskommissionen zulassen sollen – was nicht der Fall gewesen ist.

Nach dem Ende der Intervention trugen die Bilder des verwüsteten Gazas nicht zu Israels gutem Ruf bei. Die politische und militärische Bilanz ähnelte der des Libanon-Kriegs, wo doch eines der Ziele der Gaza-Offensive gewesen war, das Scheitern im Libanon vergessen zu machen. Die Hamas wurde zwar nicht gestärkt, wie das mit der Hizbollah der Fall gewesen war, aber sie war auch nicht wie geplant zerstört und verkörperte nun mehr als zuvor die palästinensischen Forderungen. Wäre es nicht besser gewesen, der Fatah echte Konzessionen gemacht zu haben? Aber nach den Wahlen im Februar 2009 wurde ohnehin eine Regierung gebildet, die von der Zwei-Staaten-Lösung nichts wissen will – eine Lösung, die durch die Vermehrung und Erweiterung der Siedlungen so gut wie unmöglich geworden ist.

Die Gegenwart ist nach dem jahrzehntelangen Konflikt teilweise recht trostlos. In der hervorragenden Sondernummer vom *Courrier international* «Juifs & Arabes. Les haines, les conflits, les espoirs» (Februar 2009) sind Hasszitate beider Seiten einander gegenübergestellt. Die Überschrift der einen Spalte lautet «Die Araber vertreiben und ihren Platz einnehmen», die der anderen «Nicht einer von ihnen wird überleben». Auf arabischer Seite sind Israelfeindlichkeit und Antijudaismus nicht zu trennen, aber auf der israelischen geht es genauso um die Araber schlechthin.

Ein anderer Beitrag in der Zeitschrift zeigt die Benutzung des berühmten zaristischen Machwerks *Protokoll der Weisen von Zion*. Dessen furchtbare Auferstehung, zu der bereits in den dreißiger Jahren der schlimme Mufti von Jerusalem beigetragen hatte, schockiert mich zutiefst, aber sie trifft mich nicht so sehr wie ein Artikel, den der *Haaretz*-Korrespondent Amos Harel am 26. Januar veröffentlicht hat. Darin geht es um die propagandistische Rolle, die das israelische Militärrabbinat während des Gazakriegs gespielt hat. Ganz wie es die katholischen Priester zur Zeit der Kreuzzüge gegen die Albigenser, die Ketzer in Südfrankreich, getan haben, rufen verschiedene Broschüren die Soldaten und Offiziere auf, den Krieg als Feldzug gegen Mörder zu führen, die vernichtet werden sollen. Ein Rabbi äußert sich zur Frage, ob ein Vergleich mit den Philistern in der Bibel zulässig sei. Die Antwort ist ja, denn auch die Palästinenser wollten eine Erde erobern, die ihnen nie gehört habe.

Das Schlimmste sind rechtsextreme israelische Flugblätter, die während des Krieges ebenfalls in den Militärbasen kursierten. Die Autoren eines dieser Pamphlete bezeichnen sich als Schüler des Rabbiners Yitzhak Ginsburg, der den bereits erwähnten Massenmörder Baruch Goldstein hoch verehrt und hoch gelobt hat. Es heißt darin, die Soldaten bräuchten sich keine Sorgen um die Bevölkerung zu machen, die «uns umringt und uns schadet». Vielmehr sollten sie dem tradierten Prinzip folgen «Töte den, der kommt, um dich zu töten». In diesem Zusammenhang könne man auch die Bevölkerung nicht als unschuldig betrachten. Als Reaktion auf die Vorkommnisse hat eine israelische Organisation für Menschenrechte Verteidigungsminister Ehud Barak gebeten, den Chef-Armeerabbiner, Brigadegeneral Avichai Rontzki, abzuberufen. Dem Anliegen wurde nicht entsprochen.

Das Wort Hass hat glücklicherweise noch eine andere Bedeutung, es ist der (unzutreffende) Name der zu Recht berühmt gewordenen israelischen Journalistin Amira Hass, deren Bücher auch in Deutschland erschienen (aber nicht sehr ausführlich und häufig besprochen worden) sind. Wie wenige andere versucht sie seit Jahren, in Israel Verständnis für die arabische Bevölkerung zu erwecken oder zu bestärken. *Haaretz* hat stets den Mut gehabt, ihre Artikel aus Gaza oder Ramallah zu bringen. Manchmal weicht die gewohnte Nüchternheit der Autorin dem Zorn, beispielsweise in einem Artikel vom 6. März 2009, der den Titel «Pots of urine, feces in the refrigerator» trägt. Darin beschreibt sie den Vandalismus israelischer Truppen in den Privathäusern des Gaza-Streifens.

Sollte nicht jede Initiative bekannt und unterstützt werden, die Frieden und Verständnis schafft? So wie das gemeinsame Radio *All for peace*, das seit fünf Jahren aus Jerusalem von einem «gemischten» Team betrieben wird; oder wie die Holocaust-Ausstellung, die im Januar 2009 in Nl'lin bei Ramallah anlässlich des Internationalen Holocaustgedenktages eröffnet wurde. «Einige Menschen hier wussten überhaupt nichts über die jüdische Geschichte», sagt einer der arabischen Veranstalter der Presse.

Ein weiteres ermutigendes Beispiel ist die 1983 gegründete kleine Organisation Ne'ut Sadaka (Freundschaft), die 2008 mit fünfzig jüdischen und arabischen Schulen zusammengearbeitet hat. In Jaffa ist durch sie ein Zentrum, Markaz, geschaffen worden, wo Juden und Araber gemeinsam die Monatszeitschrift *Jaffa Ana* herausgeben. Am 19. März 2009 findet ebenfalls in Jaffa ein Kolloquium zum Thema «Welche Rolle für die Erziehung nach dem Konflikt?» statt. Von Daniel Barenboim und seinem Orchester soll noch die Rede sein.

Wenn man nur auf israelischer Regierungs- und Armeeseite einen Satz bedenken könnte, den Akiva Eldar in seinem *Haaretz*-Leitartikel vom 28. Juli 2006 formuliert hat: «In der Beziehung zu unseren Nachbarn ist die Kraft das Problem, nicht die Lösung.»!

Deutschland, Israel, Juden und Muslime

Der Gazakrieg hat in Frankreich wie in Deutschland widersprüchliche Reaktionen hervorgerufen. Mit Unterschieden, die erklärungsbedürftig sind. In beiden Ländern haben die offiziellen Spitzenvertreter der jüdischen Organisationen den Standpunkt Israels vehement verteidigt. Auf Gegenargumente wurde kaum eingegangen. Der Inhalt der Behauptungen war identisch mit dem, was man in dem offiziellen Text «Israels Antwort auf den Bericht von Amnesty International» vom 23. Februar finden konnte. Unter dem Titel «Gaza: vérités sur une guerre» (Wahrheiten über einen Krieg) widmete die jüdische Monatszeitschrift L'*Arche* neunzig Seiten ihrer Februar/März-Nummer denselben Themen, die Charlotte Knobloch, Präsidentin des Zentralrats der Juden in Deutschland, in der Rede angesprochen hatte, die sie am 11. Januar auf der Solidaritäts-Kundgebung für Israel in München hielt:

«Hier und jetzt wollen wir unsere Stimme erheben gegen die antijüdische und antiisraelische Propaganda ... Seit acht Jahren schon feuert die Hamas Raketen auf zahlreiche israelische Städte, zerstört Menschenleben, Eigentum und den Traum von einem friedlichen Nebeneinander zweier Staaten ...

Israel achtet das Völkerrecht. Und Israel leidet, wenn palästinensische Zivilisten sterben ... Die Hamas ist es, die palästinensische Kinder und Frauen auf dem Gewissen hat – nicht Israel ...

Der israelische Abzug hat die Palästinenser und ihre arabischen

Nachbarn nicht dazu motiviert, ein blühendes Gemeinwesen zu errichten, sondern stattdessen ihre Raketenangriffe auf Israel zu verstärken ...

Wer da (beim Thema Araber in Israel) noch von Apartheid spricht, ist kein Menschenfreund, sondern Antisemit ...

Wir erwarten ein Ende der Einseitigkeit, denn nicht Israel, sondern die Hamas ist die Wurzel alles Übels!»

Der Präsident der Frankfurter Deutsch-Israelischen Gesellschaft, Dr. h. c. Johannes Gerster, erklärte:

«Frieden beginnt mit Toleranz, mit Leben und Lebenlassen, mit der Akzeptanz des Andersdenkenden, des Anderen. Die Veranstalter der Anti-Israel-Demonstrationen sind eine Mischung von Antisemiten, Israelhassern und sogenannten Gutmenschen, die nicht zur Kenntnis nehmen wollen, dass die jüngste Eskalation allein die Hamas zu verantworten hat.»

Die plötzliche israelische Forderung, vor einer Waffenruhe solle zunächst der Korporal Gilad Shalit freigelassen werden, machten sich die Israel-Unterstützer sofort zu eigen, ohne in Erwägung zu ziehen, dass Tausende Palästinenser seit Jahren ohne jeglichen Schuldbeweis, ohne Prozess als Terroristen in Israel gefangen sind.

Dass sich die Frage nach der Verhältnismäßigkeit der israelischen Bombardierungen gar nicht erst stelle, das behaupteten sogar zu Recht bekannte und geschätzte Analytiker wie Professor Michel Stürmer und der ehemalige Staatssekretär im Verteidigungsministerium Lothar Rühl. Auf ihrer Linie stand in Frankreich, allerdings mit gewohnter Vehemenz, der ehemalige «neue Philosoph» André Glucksmann. Sein allgegenwärtiger Kollege Bernard-Henri Lévy entfaltete in einer seiner wöchentlichen Kolumnen in *Le Point* die gesamte Argumentation zugunsten Israels. Die Überschrift lautete: «Libérer les Palestiniens du Hamas» (Die Palästinenser von der Hamas befreien).

Im April hatte er den ehemaligen US-Präsidenten Jimmy Carter angegriffen, der über israelische Menschenrechtsverletzungen und das Elend in Gaza berichtet hatte. «Das traurige Ende von Jimmy Carter» hieß die Kolumne, in der Lévy fragte: «Handelt es sich um die Eitelkeit von jemandem, der nichts mehr ist und der, bevor er die Bühne verlässt, eine letzte Viertelstunde Licht haben möchte, oder um die Altersschwäche eines Politikers, der den Bezug zur Realität verloren hat?» In dieselbe Richtung ging auch ein Artikel des Chefredakteurs der wie *Le Point* anerkannten Wochenzeitung *L'Express*; Titel: «Une guerre juste, juste une guerre» (Ein gerechter Krieg, nur ein Krieg).

Überrascht war ich eigentlich nur von dem einsichtigen Beitrag Henryk M. Broders im *Spiegel*. Die Überschrift «Hurra, wir haben verloren!» spielte auf ein Zitat des großen holländischen Fußballers Johan Cruyff an, der vor einem Spiel gegen eine schwache Mannschaft gesagt hatte: «Die können gegen uns nicht gewinnen, aber wir können gegen sie verlieren.» Broder übertrug die Formel auf die israelische Armee, die angekündigt hatte, eine Dokumentation herauszubringen, mit der sie Vorwürfe gegen ihre Kriegsführung entkräften wollte.

«Darüber, ob die Beweise jemals gebraucht werden, kann erst mal nur spekuliert werden. Allein, dass Israel mit einer solchen Möglichkeit rechnet, zeigt, wie schnell ein militärischer Sieg in eine moralische Niederlage umschlagen kann ... Rund 1300 Tote sind keine Bagatelle, kein Kollateralschaden des Kriegsgeschehens, auch wenn viele der Toten Kämpfer waren, die nur vergessen hatten, sich eine Uniform anzuziehen, und sich hinter Zivilisten versteckten. Rund 1300 Tote, das ist ein Promille der Bevölkerung Gaza, auf die Bevölkerung von Deutschland übertragen, wären das 80 000 Menschen ... 1300 Tote, das schreit zum Himmel. Das ist keine Frage der ‹Proportionalität›, die es in einem asymmetrischen Krieg gar nicht geben kann, ein solcher Leichenberg ist ein Albtraum, eine Katastrophe.»

Nicht erstaunt hingegen war ich über die Beteiligung von Parteien und Politikern an den Texten und Kundgebungen zur bedingungslosen Unterstützung Israels. Am 11. Januar wurde berichtet: «1500 Menschen demonstrierten in klirrender Kälte (in Berlin) für Israel und gegen den Terror der Hamas ... Repräsentanten aller im Bundestag vertretenen Parteien sprachen bei der Demonstration ...» Im Aufruf hatte es geheißen: «Israels Selbstverteidigung ist legitim und kein Verbrechen!» Unter den Rednern waren die Vorsitzende der Jüdischen Gemeinde Berlins, der Landes- und Fraktionsvorsitzende der CDU, der Landesvorsitzende der FDP, der Fraktionsvorsitzende von Bündnis 90/Die Grünen, der Präsident des Abgeordnetenhauses (SPD), der Landesvorsitzende der Linkspartei.

In Frankreich waren die Protestkundgebungen gegen Israel ziemlich massiv, die Kundgebungen zur Unterstützung Israels wie die des CRIF am 4. Januar weniger besucht und die Parteien in beide Richtungen eher zurückhaltend. Der Unterschied hat einiges mit der jeweiligen Regierungspolitik Israel gegenüber zu tun und mehr noch mit dem Platz, den die «Vergangenheitsbewältigung» in den beiden Ländern einnimmt. In diesem Zusammenhang wird in Deutschland nie berücksichtigt, was der israelische General Matti Peled, 1967 Mitglied des Generalstabs, der Zeitung *Le Monde* 1972 gesagt hat: «Vorzugeben, dass uns im Juni 1967 ein Genozid drohte und dass Israel für sein Überleben kämpfen musste, war nur ein Bluff ... Alle Geschichten, die damals liefen über die enorme Gefahr, die uns bedrohte wegen der Enge unseres Territoriums, sind nie in unsere Plänen vor dem Krieg einbezogen worden.»

Aber vielleicht hätte man wenigstens manche im Ton ruhigen, im Inhalt kritischen Bemerkungen wahrnehmen sollen, wie die von Christoph Bertram in *Die Zeit*: «Israel hat es immer wieder versäumt, militärische Erfolge in politische umzuwandeln ... Es war ja nicht so, als hätte alles mit den Raketen der Hamas begonnen. Vielmehr hat Israel jahrelang versucht, die Autorität der Hamas durch einen immer engeren Würgegriff um Gaza auszuhöhlen: Gelder, die Gaza zustanden, wurden einbehalten, die Übergänge blockiert, jeglicher Handel aus dem Gaza-Streifen verhindert, der Meereszugang gesperrt. Kein Wunder, wenn Gaza ein Hungerland und Armenghetto war, bevor die israelische Militärmacht vor drei Wochen zuschlug und dem winzigen, belagerten Landstrich noch mehr Hunger und Verwüstung zufügte.»

Am Anfang der deutsch-israelischen Beziehungen waren solche Probleme nicht aktuell. Es ging um den Willen Adenauers, die junge Bundesrepublik durch ein Entschädigungsangebot auch hier aus der schandbeladenen Isolation herauszuführen. Die Wiedergutmachungsverhandlungen, die am 20. März 1953 im holländischen Wassenaar begannen, dauerten ein halbes Jahr. Als der Text des Luxemburger Abkommens dem Bundestag vorgelegt wurde, stieß Adenauer selbst bei der eigenen Partei auf Widerstand. Für David Ben Gurion war es allerdings noch schwieriger, zu Hause überhaupt die prinzipielle Bereitschaft zu Verhandlungen mit der Bundesrepublik Deutschland herzustellen. Menachem Begin führte einen harten, emotionalen und diffamierenden Kampf, außerhalb und innerhalb der Knesset, um jeden Kontakt und jede Vereinbarung «Geld entschädigt Blut» zu verhindern. Ben Gurion siegte schließlich mit großer Mehrheit.

Vorher hatte es ein Ereignis gegeben, das seinerzeit und später ziemlich unbeachtet blieb. Am Abend des 27. März 1952 explodierte im Münchener Polizeipräsidium eine Paketbombe, dabei wurde ein Mann getötet. Adressiert war die Sendung an Bundeskanzler Konrad Adenauer. Die deutschen Ermittler kamen zwar nach und nach auf die Spur der Attentäter, aber allen gelang es, nach Israel zu entkommen. Einer von ihnen hielt später seine Erinnerungen an den Anschlag schriftlich fest. Dem Journalisten Henning Sietz zufolge gab er auch den Namen des Mannes preis, der Auftraggeber, Organisator und Geldbeschaffer des Attentats gewesen war: Menachem Begin.

Mit wem hat Adenauer in Wassenaar verhandeln lassen und warum? Israel wurde nicht als Vertreter aller Juden anerkannt, deshalb saß die Jewish Claims Conference mit am Tisch. In ihrem Namen sprach während und noch mehr zwischen den Sitzungen Nahum Goldmann, zugleich Präsident des Jüdischen Weltkongresses. Israel vertrat nur die Überlebenden der Shoah und ihre Erben, die in Palästina, dann im Staate Israel Zuflucht gefunden hatten. Hier muss erwähnt werden, dass dieser Staat, der sich später fast ausschließlich auf die Shoah berufen hat, den Überlebenden so wenig geholfen hat, dass die Letzten noch im Juli 2007 öffentlich demonstrieren mussten, um ihre traurige materielle Lage einigermaßen zu verbessern.

Als einige Jahre später, im April 1960, Adenauer und Ben Gurion ihr erstes Gespräch hatten, war der Kanzler am Ziel. Am Nachmittag der Begegnung wurde er vom American Council on Germany empfangen. Dabei bezeichnete ihn Joachim Prinz, Chief Rabbi of America, in seiner Ansprache als «ein Symbol der Freiheit und der menschlichen Würde».

Hans-Peter Schwarz zitiert in seiner großangelegten *Adenauer*-Biographie eine Notiz des Kanzlers, die dieser 1964 zur Vorbereitung seiner Memoiren angefertigt hat: «Israelabkommen 1952. – Sühne an den Juden. Eine innere Verpflichtung wieder gut zumachen, soweit das überhaupt möglich war. Das Israelabkommen von ausschlagender Bedeutung für das Ansehen der Deutschen in der Welt. Wenn nicht Israelabkommen abgeschlossen wäre, wäre der Besuch in den Vereinigten Staaten nicht so erfolgreich gewesen.»

In der Politik können durchaus zwei Absichten gleichzeitig verfolgt werden. Mit Europa hielt es Adenauer genauso: einerseits der schöpferische Wille, andererseits der Wille, für die noch besetzte Bundesrepublik mehr Gleichberechtigung zu erreichen. Daher die Notiz: «Nach dem Zweiten Weltkrieg musste das deutsche Volk um die Lösung von zwei Aufgaben bemüht sein: 1. Aussöhnung

mit Frankreich; 2. Sühne an den Juden. Diese Aufgaben waren von psychologischer Bedeutung. Ihre Lösung würde ausschlaggebend sein für unsere Stellung in der Welt.»
Die Beziehungen zwischen den beiden Staaten sind nach Adenauer im großen Ganzen gut geblieben, mit der ständigen Schwierigkeit für die deutsche Seite, es sich mit den arabischen Staaten nicht zu verderben. Eine echte Mittlerrolle hat eigentlich nur Bundeskanzler Willy Brandt gespielt. Nach und nach hat die Shoah einen immer größeren Raum eingenommen, nicht nur in Israel, sondern auch in der offiziellen bundesdeutschen Haltung zu Israel. So sagte zum Beispiel Bundesaußenminister Joschka Fischer am 16. März 2005 in einer Rede anlässlich der Eröffnung des Neuen Museums in Yad Vashem: «Deutschland ist und bleibt mit dem Menschheitsverbrechen der Shoah untrennbar verbunden ... Das Menschheitsverbrechen der Shoah wird für immer unauslöschlicher Teil der deutschen Geschichte bleiben. Der historisch-moralischen Verantwortung für Auschwitz werden wir uns niemals entziehen können und entziehen dürfen.»
Am 2. Februar desselben Jahres hatte Bundespräsident Horst Köhler in der Knesset gesprochen. Er erinnerte zunächst an die Beziehung Adenauer-Ben Gurion. «Ich denke auch an die ersten Staatsbesuche der Präsidenten Chaim Herzog und Richard von Weizsäcker, an Johannes Rau vor der Knesset und Ezer Weizmann vor dem deutschen Bundestag ... Heute stehe ich als neugewählter Präsident der Bundesrepublik Deutschland vor Ihnen, und ich möchte hier bekräftigen: Die Verantwortung für die Shoah ist Teil der deutschen Identität. Dass Israel in international anerkannten Grenzen und frei von Angst und Terror leben kann, ist unumstößliche Maxime deutscher Politik ... Deutschland steht unverbrüchlich zu Israel und seinen Menschen.» Später heißt es über die «Generationen, die nach dem Krieg geboren sind»: «Sie haben selbst keine Schuld auf sich geladen. Aber sie wissen, dass sie Verantwortung tragen für die Bewahrung der Erinnerung und die Gestaltung der Zukunft.»

Dann kommt ein Passus, den ich wahrscheinlich in Wort und Schrift nicht richtig gedeutet habe: «‹Die Würde des Menschen ist unantastbar›: Diese Lehre aus den nationalsozialistischen Verbrechen haben die Väter des Grundgesetzes im ersten Artikel unserer Verfassung festgeschrieben. Die Würde des Menschen zu schützen und zu achten ist ein Auftrag an alle Deutschen. Dazu gehört, jederzeit und an jedem Ort für die Menschenrechte einzutreten. Daran will sich die deutsche Politik messen lassen.»

Ich glaubte, es sei eine Anspielung auf die Palästinenser, und meinte, dem Präsidenten sei bewusst, dass diese auch Menschen sind. Aber beim Wiederlesen der Rede musste ich feststellen, dass zwar von einem Nahen Osten gesprochen wurde, in dem Israel und ein palästinensischer Staat friedlich zusammenleben sollten, aber die einzige Anklage lautete: «Der Terror muss ein Ende haben. Selbstmordattentate sind Verbrechen, für die es keine Rechtfertigung oder Entschuldigung gibt. Ich komme zu Ihnen aus Sderot. Sderot steht für Terror und Angst ...»

Am 18. März 2008 hat auch die Kanzlerin vor der Knesset eine Rede gehalten. Nur gegen Ende wies sie auf einen für Israel schwierigen Punkt hin: «Wir wissen, dass es zur Umsetzung der Vision von zwei Staaten Kompromisse bedarf, die von allen Seiten akzeptiert werden. Es bedarf der Kraft auch zu schmerzlichen Zugeständnissen.» Vorher heißt es lediglich unter anderem:

«Ich danke allen, dass ich in meiner Muttersprache zu Ihnen sprechen darf. Ich spreche zu Ihnen in einem besonderen Jahr. Denn in diesem Jahr feiern Sie den 60. Jahrestag der Gründung Ihres Staates, des Staates Israel. 60 Jahre Israel – das sind Jahre großartiger Aufbauarbeit der Menschen unter schwierigen Bedingungen; 60 Jahre Israel – das sind 60 Jahre Herausforderungen im Kampf gegen Bedrohungen und für Frieden und Sicherheit ... Deutschland und Israel sind und bleiben, und zwar für immer, auf besondere Weise durch die Erinnerung an die Shoah verbunden ... Die Shoah erfüllt uns Deutsche mit Scham ... Diese

Kraft zu vertrauen – sie hat ihren Ursprung in den Werten, die wir – in Deutschland und Israel – gemeinsam teilen. Den Werten von Freiheit, Demokratie und Achtung der Menschenwürde. Sie ist das kostbarste Gut, das wir haben: die unveräußerliche und unteilbare Würde jedes einzelnen Menschen – ungeachtet seines Geschlechts, seiner Abstammung, seiner Sprache, seines Glaubens, seiner Heimat und Herkunft.»

Vielleicht doch keine Anspielung auf die deutsche Asylpolitik, sondern auf die Palästinenser? Ich glaube nicht, denn später heißt es: «Über all diese und weitere Zukunftsprojekte und Vorhaben haben wir gestern beraten. Aber all diese Projekte spielen sich nicht im luftleeren Raum ab. Denn während wir beraten haben, ist Israel bedroht. Während wir hier sprechen, leben Tausende von Menschen in Angst und Schrecken vor Raketenangriffen und Terror des Hamas ...»

Dies alles entspricht gewiss einer echten, tiefen Überzeugung, und ich habe kein Verständnis für die CDU-Politiker, die die Kanzlerin angegriffen haben, weil sie – im Namen der deutschen Identifizierung mit der Shoah – den Papst für seine Art kritisiert hat, mit einem Negationisten umzugehen. Eine andere, in meinen Augen berechtigte Kritik an Angela Merkel war, dass sie während ihres Israel-Aufenthalts weder Ostjerusalem noch Ramallah besucht hat, und sei es nur für wenige Stunden.

Wäre es nicht möglich, in Israel zu Israel anders zu sprechen? Die französischen Präsidenten haben gezeigt, dass es geht, natürlich, weil sie gewissermaßen nicht shoahbelastet waren – obwohl doch ein wenig, nicht ganz wenig ... Der erste Präsident, der vor der Knesset gesprochen hat, war François Mitterrand. Am 4. März 1982 lobte er Israel zunächst und hob die Freundschaft zwischen dem französischen und dem israelischen Volk hervor. Er fuhr fort, Frankreich sei natürlich nicht berechtigt als Schiedsrichter oder sogar als Mittler aufzutreten, aber es gebe für Frankreich kein Tabu. Seine Pflicht sei es, überall und immer dieselbe Sprache zu sprechen.

Dann kam er zur Sache: Jeder habe das Recht, über sein eigenes Schicksal zu entscheiden. «Unter der einzigen Bedingung, dass sie ihr Recht unter Berücksichtigung des Rechts der anderen wahrnehmen, unter Berücksichtigung des internationalen Rechts und im Dialog anstatt mit Gewalt. Ich bin nicht befugt zu entscheiden, wer dieses Volk (die Palästinenser) vertritt und wer nicht. Wie kann zum Beispiel die PLO, die im Namen von Kämpfern *(combattants)* spricht, hoffen, sich an den Verhandlungstisch zu setzen, solange sie Israel das Recht verweigert, zu existieren und seine Sicherheit zu verteidigen? Der Dialog setzt voraus, dass jeder zunächst das Existenzrecht des anderen anerkennt ... Der Dialog setzt voraus, dass jede Verhandlungspartei ihre Rechte voll ausschöpfen kann, was, für die Palästinenser wie für die andern, zu gegebener Zeit einen Staat bedeuten mag ...

Niemand kann über die Grenzen und über die Bedingungen für die betroffenen Parteien entscheiden, die auf der Grundlage der UNO-Resolution 242 geboten sein werden. Das wird ausschließlich Sache der Unterhändler sein. Aber ‹Schließen Sie aus der Verhandlung kein Thema aus, was auch immer es sei. Ich schlage im Namen der überwältigenden Mehrheit des Parlaments vor, dass alles Objekt der Verhandlung sein kann›: Das haben Sie selbst, Herr Premierminister, an diesem Ort am 20. November 1977 zu Präsident Sadat gesagt ...

Im Namen Frankreichs spreche ich den Vertretern dieses Volkes mein Vertrauen aus, dass sie, im Sinne ihres Ideals, die Zukunft Israels sicherstellen. Aber ich vertraue auch darauf – erlauben Sie mir, Ihnen das zu sagen –, ... dass die verstreuten Kinder schließlich zusammenkommen und dass die Kultur und die Geschichte des jüdischen Volkes auf Resonanz stoßen bei der Kultur und der Geschichte des arabischen Volkes, das selbst Erbe einer großen Zivilisation ist, auf die auch die Ihrige zurückgeht.»

Diese Rede war offen und mutig, sei es nur, weil man damals kaum von einem möglichen palästinensischen Staat redete. Als

Nicolas Sarkozy am 23. Juni 2008 in der Knesset sprach, hätte man zunächst glauben können, er würde es beim Lob Israels belassen, seiner Demokratie und seiner Gründer vor sechzig Jahren. Er erinnerte an das jahrhundertlange Leiden der Juden, zuletzt zur Zeit der Vernichtung. Dann sprach er ausführlich von dem großen französischen Historiker Marc Bloch, der gesagt hatte: «Ich berufe mich nur auf meinen jüdischen Ursprung, wenn ich mich gegenüber einem Antisemiten befinde.» Bloch war ebenso wie seine jüdischen Vorfahren fest in die französische Nation integriert, Träger ihrer Werte und Ideale. Im Zweiten Weltkrieg schloss er sich der aktiven Résistance an und wurde von der Gestapo ermordet.

«Millionen Juden in der heutigen Welt empfinden ... eine körperliche Verbundenheit mit ihrem Vaterland, dessen Sprache und Kultur sie erlernt, dessen Luft sie seit ihrer Kindheit eingeatmet haben. Aber ihr Herz kann gegenüber dem Schicksal Israels nicht gefühllos bleiben.» Er fuhr fort: «Weil das Schicksal jedes Juden mit dem Schicksal aller Juden verbunden ist. Weil die Tatsache, dass es einen jüdischen Staat gibt, dessen Erfolg so eklatant ist, jeden von ihnen mit Stolz und Würde erfüllt ... Weil für jeden Juden Israel die Heimstatt ist, zu der er flüchten kann, sollte ihm eines Tages das Unheil widerfahren, nirgendwo anders mehr hingehen zu können ...

Ich bin gekommen, um Ihnen zu sagen, dass das französische Volk immer an der Seite Israels stehen wird, wenn dessen Existenz bedroht ist ... Heute hat diese Bedrohung die Form des Terrorismus angenommen.»

Dann aber sagte er plötzlich: «Man schuldet seinen Freunden die Wahrheit, sonst ist man kein Freund.» Was gehört zu der Wahrheit? «Die Wahrheit ist, dass die Sicherheit Israels erst dann wirklich gewährleistet sein wird, wenn neben diesem Land ein unabhängiger, moderner, demokratischer und lebensfähiger palästinensischer Staat zu sehen ist ... Der Frieden muss kommen ... weil Ihr, Juden und Muslime, Israelis und Palästinenser, im Grunde dasselbe Leid teilt und denselben Schmerz um Eure Kinder ... Wie alle Völker werden das israelische und das palästinensische Volk in Frieden leben, sobald beide das Gefühl bekommen, dass ihre Beziehungen auf dem Recht und nicht mehr auf der Kraft gegründet sind ... Es kann keinen Frieden geben ohne einen totalen und sofortigen Abbruch der Kolonisierung ... Und, erlauben Sie mir, das zu sagen, es wird auch keinen Frieden geben, solange die Palästinenser gehindert sind, sich auf ihrem Gebiet zu bewegen und dort zu leben ... Es kann keinen Frieden geben – auch wenn ich weiß, wie schmerzlich das Thema ist – ohne die Anerkennung von Jerusalem als Hauptstadt zweier Staaten ... Es kann keinen Frieden geben ohne eine Grenze, die auf der Grundlage der Grenzen von 1967 ausgehandelt wird, mit einem Austausch von Gebieten, die erlauben, zwei lebensfähige Staaten aufzubauen ...»

Härter ging es nicht. Den Beziehungen schadete es nicht allzu sehr, weil Sarkozy ebenfalls weder Ostjerusalem noch Ramallah besucht hatte und weil er in seinem Willen, sich so weit wie möglich an die Vereinigten Staaten anzuschließen, diese Themen seitdem kaum noch angesprochen hat. Bereits im November 2008 protestierte er nur schwach, als französische Diplomaten nicht nach Gaza hineinkonnten, wobei eine Diplomatin an der Grenze von israelischen Soldaten siebzehn Stunden lang ohne Essen und Trinken «zurückgehalten» wurde. Und als er Anfang März 2009 nach Scharm el-Scheich flog, zur Konferenz über den Wiederaufbau von Gaza, nahm er Valerie Offenberg mit, die in Frankreich das American Jewish Committee vertrat. Es ist daher nicht sehr wahrscheinlich, dass er mit dem aktuellen Chief of Staff im Weißen Haus, Rahm Emanuel, Sohn eines Irgun-Mitglieds und sehr für Israel engagiert, einen Streit anzettelt.

Die Hilfe für Gaza stellt die Mitgliedsstaaten der EU, darunter Deutschland, vor schwierige Probleme. Eines davon ist dasselbe wie in Beirut, als es seinerzeit um die Finanzierung des Wiederaufbaus der bombenzerstörten Stadt ging: Zerstört von wem? Die

Frage wurde nicht erörtert. Was in Gaza zerstört wurde, darunter die gesamte Infrastruktur, war noch dazu mit dem Geld der Europäer errichtet worden. Nicht nur, weil man der Hamas nichts schenken wollte, zögerte man, die versprochenen Summen zur Verfügung zu stellen, sondern auch, weil man nicht wissen konnte, ob und wann Israel in Gaza noch einmal Zerstörungen anrichten würde.

Die Europäische Gemeinschaft hat seit langem eigentlich keine eigene Rolle gespielt. Am 20. Februar 2009 gab es dann doch eine «Erklärung des Vorsitzes (des Rats) im Namen der Europäischen Union zu den israelischen Siedlungsaktivitäten». Darin heißt es: «Die Europäische Union verurteilt den von Israel geplanten Bau einer Siedlung ... Die Europäische Union appelliert nachdrücklich an Israel, die geplanten Siedlungsbauten zu überdenken, die gegen das Völkerrecht verstoßen, dem Friedensfahrplan zuwiderlaufen und die Zusagen missachten würden, die Israel den Palästinensern und der internationalen Gemeinschaft letztes Jahr in Annapolis gegeben hat. Nach unseren Informationen sind im Jahre 2008 1257 Wohneinheiten errichtet worden ... Die Siedlungsaktivitäten sind ein Haupthindernis für den Frieden im Nahen Osten ... Die Siedungsaktivitäten untergraben alle Bemühungen der arabischen Partner, die sich für eine friedliche Beilegung des Konflikts einsetzen und stellen die Ernsthaftigkeit des israelischen Engagements für eine Zwei-Staaten-Lösung in Frage.»

In einem mutigen, klaren Beitrag für den Berliner *Tagesspiegel* hat Hans-Dietrich Genscher, Außenminister von 1974 bis 1992, im Januar 2009 daran erinnert, dass «die EU wesentliche Elemente für eine solche umfassende Lösung frühzeitig in der Erklärung des Europäischen Rates von Venedig vom 13. Juni 1980 definiert hat.» Dazu gehörte die Feststellung: «Das Ziel der Zweistaatlichkeit ist richtig ... Es geht um die Schaffung eines lebensfähigen Palästinenserstaates in den von UNO und EU anerkannten Grenzen, es geht um die Verständigung über den Status von

Jerusalem und um die Behandlung der israelischen Siedlungspolitik in den besetzten Gebieten.»

So etwas ist in den deutschen Knesset-Reden nie gesagt worden, aber vielleicht sind solche Gedanken ohnehin sinnlos geworden, sollte die neue israelische Regierung die Zwei-Staaten-Lösung ablehnen und die gemäßigten Palästinenservertreter auf die Forderung umschwenken lassen: «Nur ein Staat, aber dann ein rein weltlicher, der nicht mehr zwischen seinen jüdischen und seinen nicht-jüdischen Bürgern unterscheiden dürfte!»

Die deutsche Debatte über Israel, Vergangenheitsbewältigung und Antisemitismus sollte nüchtern verlaufen, mit klarer Einsicht in die vergangenen Jahrzehnte. Die jüngsten gemeinsamen Stellungnahmen der Bundestagsfraktionen sind die beiden Parlamentsdebatten vom 29. Mai und vom 4. November 2008. Die erste fand zum 60. Jahrestag der Gründung des Staates Israel statt, die zweite zum 70. Jahrestag der «Kristallnacht».

Am 29. Mai bekannten sich alle Redner zu der besonderen Beziehung zu Israel und versicherten dem Land ihre Unterstützung. Von der SPD redete zuerst Peter Struck. Er sagte: «Im Wissen um das Geschehene halten wir die Erinnerung wach. Das ist die deutsch-israelische Normalität.» Im letzten Teil seiner Rede sprach er von den Fortschritten in Richtung Frieden. «Das erfordert von allen Seiten viel Mut und Entschlossenheit. Denn es gilt, auch die jeweilige eigene Bevölkerung von unpopulären Entscheidungen zu überzeugen.» Deutschland solle dabei helfen. «Ich möchte zum Abschluss für meine Fraktion an die israelischen Freunde gewandt hinzufügen: Seien Sie versichert, dass wir, wie schon in der Vergangenheit, auch in Zukunft an Ihrer Seite stehen.»

Für die FDP wies Guido Westerwelle am Schluss darauf hin, dass es auch ein Selbstbestimmungsrecht der Palästinenser gebe. Zuvor hatte er betont, das, was «unsere Freundschaft mit Israel ausmacht, ist eben nicht nur die Verantwortung, die uns unsere Geschichte mitgibt, sondern auch die Wertegemeinschaft unter Demokraten». Wie klein der Staat Israel ist, habe er entdeckt, als er ihn von den Golan-Höhen aus betrachtete. Dass diese seit 1967 in ihrem Besitz umstritten sind, wurde in seiner Rede nicht erwähnt.

Der SPD-Antisemitismus-Experte Professor Gert Weisskirchen erklärte, dass «Juden in aller Welt diesen Staat als Überlebensversicherung brauchen». Einhellig wurde Solidarität mit Israel bekundet. «Unsere Solidarität mit Israel ist eine Frage der Selbstachtung», sagte der Christdemokrat Eckart von Klaeden, der auch den Grenzzaun verteidigt und der Vergleiche mit der Berliner Mauer als antisemitisch zurückweist.

Jeder Redner erwähnte die Palästinenser nur kurz. Die einzige Ausnahme war die Sprecherin der Linken, Petra Pau. «Wer in Israel genau hinhört, wird kritische Debatten erleben, die hierzulande fälschlicherweise als unkorrekt gelten ... Ich finde, es darf keinerlei Zweifel am Existenzrecht Israels geben. Es darf aber auch keinen Zweifel am Recht der Palästinenser geben, in Würde zu leben. Wir haben eine Doppelverantwortung: Wir stehen gegenüber Jüdinnen und Juden in tiefer Schuld. Genau deshalb darf es aber nicht sein, dass die Palästinenser unter der historischen Schuld Deutschlands leiden.»

Die Linkspartei wurde schon bei dieser Debatte kritisiert. Die viel härtere Kritik kam gleich zu Beginn der Debatte vom 4. November. Im Namen der CDU/CSU wollte Dr. Hans-Peter Uhl zeigen, dass die Linke oft antiisraelisch gesprochen und gehandelt habe. Er kam zu dem Schluss: «Wenn Sie die Position der Linken zum Staate Israel, also zum Staat, in dem die Juden leben, ehrlich und aufrichtig geklärt haben, könnten Sie ein Partner für einen solchen Antrag sein. Solange Sie dies nicht getan haben, können Sie nicht unser Partner sein.» Es ging um eine gemeinsame Erklärung der Fraktionen zur Verdammung des Antisemitismus.

Petra Pau erwiderte, dass sie im Namen ihrer Fraktion genau

denselben Text als Antrag stelle. Sie erinnerte an gemeinsame Demonstrationen mit der CSU gegen Rechtsextremismus, Rassismus und Antisemitismus. Die CDU/CSU verfolge lediglich die Strategie: «Die Linke prügeln, um die SPD zu treffen.» Zu Beginn ihrer Rede hatte sie gesagt: «Mein erster Gedanke gilt den Millionen Jüdinnen und Juden, die in der NS-Zeit gedemütigt, vertrieben und ermordet wurden. Mein zweiter Gedanke gilt den Jüdinnen und Juden, die trotz allem heute wieder mit uns leben. Der Schmerz und der Dank gehören zusammen, ebenso die Sorge, dass sich nie wiederholen möge, was schon einmal geschehen ist.»

Für die gemeinsame Unterschrift aller Fraktionen plädierte mit Nachdruck die Grüne Renate Künast. Sie erinnerte an die große Kundgebung am 8. November 2002 im Berliner Lustgarten mit 400 000 Teilnehmern, die unter dem Titel «Die Würde des Menschen ist unantastbar. Gegen Ausländerfeindlichkeit, Rassismus und Antisemitismus» stand. Die CDU hatte sich zunächst nicht beteiligen wollen. «Ich ging dann zu einer der stärksten Frauen, die die CDU in Berlin je hatte, nämlich zu Hanna-Renate Laurien. Sie war Präsidentin des Abgeordnetenhauses. Sie saß da und sagte: Wenn sie das untereinander nicht wollen, dann rufe ich als Parlamentspräsidentin für alle auf ... Alle waren auf der Straße ... Ich finde es gut, dass die Geschäftsordnung die Chance gibt, das Ganze zu retten und dass wir heute gemeinsam über die Anträge abstimmen. Es geht um den Gedanken an die NS-Opfer und den gemeinsamen Kampf gegen den Antisemitismus.»

Allerdings besteht bei der Linken tatsächlich ein echtes Problem. Ein guter Teil ihrer mehrheitlich aus der PDS/Ex-SED stammenden Mitglieder werden die Beeinflussung nicht ganz überwunden haben, die ihnen in der DDR zuteil wurde. Um nur ein Beispiel zu nehmen: Im *Kleinen politischem Wörterbuch* (5. Auflage, 1985) stand nicht nur «Bundesrepublik: Imperialistischer Staat, Hauptverbündeter der USA in Europa ... Die Bundesrepublik entstand gegen den Willen des Volkes, um die Herrschaft der

Monopolbourgeoisie in einem Teil des ehemaligen Machtbereiches des deutschen Imperialismus zu erhalten», sondern auch: «Zionismus: die chauvinistische Ideologie, das weitverzweigte Organisationssystem und die rassistische, expansionistische politische Praxis, die einen Teil des internationalen Monopolkapitalismus bildet... Der Z. entwickelte die reaktionäre Konzeption von der jüdischen Gemeinschaft, die die Klassenfrage ignorierte, um das jüdische Proletariat vom revolutionären Klassenkampf abzulenken... Der Hauptstoß des politischen Z. richtete sich gegen die arabische nationale Befreiungsbewegung, ihre antiimperialistische-demokratische Profilierung und ihr Bündnis mit der sozialistischen Staatengemeinschaft...»

Wenn nun Linke an Demonstrationen teilnehmen, auf denen Plakate mit der Aufschrift «Tod Israel» getragen werden, oder wenn ein prominentes Mitglied erklärt «Wer noch einen Hauch von Verständnis für die israelische Politik aufbringt, macht sich zum Komplizen von Mord und Terror», dann zeigt sich nicht nur Gregor Gysi unglücklich, da werden auch die Bundestagsreden von Petra Pau relativiert.

Das ändert aber nichts an der zentralen und womöglich noch wachsenden Bedeutung, die die Shoah in Verbindung mit Israel einnimmt. Dabei handelt es sich um kein rein deutsches Phänomen. Allerdings ist Präsident Sarkozy mit dem Anliegen gescheitert, jedem zehnjährigen Schüler ein jüdisches ermordetes Kind gewissermaßen als Partner zu geben. Stattdessen hat der französische Erziehungsminister im November 2008 ein Büchlein verteilen lassen, das den Unterricht über die Shoah erleichtern soll. Die Judenvernichtung ist sowieso Teil des Geschichtscurriculums aller 5. Klassen *(Cours moyen 2)*.

Auch bei einzelnen Persönlichkeiten hat sich der Stellenwert der Shoah für die aktuelle Politik verändert. Heute würde der streitbare Philosoph Alain Finkielkraut als antisemitisch bekämpfen, was er am 18. Dezember 1996 unter dem Titel «Israël: la catastrophe» in *Le Monde* geschrieben hat: «Mit dem Sieg von Benjamin Netanjahu verlässt die Sprache der Apartheid ihren Untergrund, ihren Platz als Randerscheinung, um stolz ihren Platz in der Sonne anzufordern ... Alles hat sich verändert mit der heutigen israelischen Politik. Man muss an dieser Unfähigkeit, aus sich selbst herauszugehen, die man Rassismus nennt, leiden, um sich heute nicht in die Lage der Palästinenser hineinzuversetzen und ihre Not und ihre Entmutigung zu verstehen.»

In Deutschland herrschen beim Umgang mit der Shoah Vorsicht und Argwohn. Im September 2006 schrieb der Leiter des Hamburger Staatsamts an einen Vietnamesen, der gefragt hatte, ob nicht im Umfeld der Landungsbrücken eine Gedenktafel für die geretteten Bootsflüchtlinge angebracht werden könne: «In der näheren Umgebung der Landungsbrücken existieren bereits zwei Gedenktafeln. Diese haben mit ihrem Bezug zu jüdischen Flüchtlingen und Emigranten einen klaren Anknüpfungspunkt zur deutschen Geschichte und reflektieren damit auch deutsche Schuld. Das Anbringen weiterer Tafeln, die sich auf Flüchtlingen in anderen Weltgegenden beziehen, könnte als Versuch einer Relativierung der Judenverfolgung in Deutschland und des Holocaust empfunden werden und damit zu ungewollten und nicht unerheblichen Irritationen führen ...»

War die Rede von Philipp Jenninger am 9. November 1988, die ihn als Bundestagspräsident zum Rücktritt zwang, wirklich skandalös? Ich habe damals nur den Text gelesen und gut gefunden, habe also den schlechten Vortrag nicht angehört, mit den Nazi-Zitaten, die so verlesen wurden, dass man sie dem Redner zuschreiben konnte. War die Aufregung berechtigt, die das Wort «Faszinosum» hervorrief? Mir erschien der Ausdruck zutreffend, seitdem ich 1972 den Film *Kabaret* von Bob Fosse gesehen hatte. Er zeigt einerseits die ganze Brutalität der SA, andrerseits, in der Szene, wo ein blonder uniformierter HJ-Knabe ein bewegendes Heimatlied singt, eben gerade die Faszinationskraft der NS-Bewegung. Ein

Jahr später hielt übrigens Ignatz Bubis ebenfalls zum 9. November eine Rede in der Frankfurter Synagoge, in die er große Abschnitte von Jenningers Text eingefügt hatte. Er erntete viel Applaus.

In seiner klaren, aber auch nachdenklichen Rede in der Gedenkstunde des Bundestags am 27. Januar 1999 hat Bundestagspräsident Wolfgang Thierse richtige Fragen gestellt: «Das richtige Maß, die angemessene Form zu finden, verlangt nach einer Prüfung in zweierlei Richtungen. Was ist dem entsetzlichen Geschehen angemessen? Was ist für Gegenwart und Zukunft richtig? Ein Zuviel kann problematisch sein, ein Zuwenig erst recht.» Er selbst sagte: «Was damals Juden, Sinti und Roma, Behinderte, Homosexuelle, politische Gegner waren, das könnten heute andere Personen und Gruppen sein, die durch Stigmatisierungsprozesse ausgegrenzt werden.»

Am 20. November 2008 fand die jährliche Trauerfeier des Heeres auf der Festung Ehrenbreitstein statt. Nach meiner Rede verlas der Generalinspekteur der Bundeswehr einen ähnlichen Text wie den, der am Volkstrauertag vom Bundespräsidenten oder einer anderen Persönlichkeit vorgetragen wird. Mir gefiel, dass nach Formulierungen wie «Wir gedenken derer, die verfolgt und getötet wurden, weil sie einem anderen Volk angehörten, einer anderen Rasse zugerechnet wurden oder deren Leben wegen einer Krankheit oder Behinderung als lebensunwert bezeichnet wurde» ein neuer Passus hinzugefügt wurde: «Wir gedenken heute auch derer, die bei uns durch Hass und Gewalt gegen Fremde und Schwache Opfer geworden sind.»

Die mörderische Vergangenheit gegenwärtig zu halten, kann durch Denkmäler versucht werden. In Berlin gibt es heute mindestens zwei sehr verschiedene. Ich muss gestehen, dass ich mich mit den 2700 unterschiedlich hohen Stelen von Peter Eisenman nicht abfinden kann. Meine Hauptkritik gilt dem Gesamtkonzept. Wie sind denn die Juden ermordet worden? Durch Gas oder durch Erschießungen vor Gruben, in die sie tot oder tödlich verletzt hinunterfielen. Nun stehen da Stelen, die in den Augen der meisten Besucher wie Grabsteine aussehen, wo doch gerade solche den Juden nicht vergönnt waren. Kein Text erklärt dem unwissenden Besucher, was die Bedeutung dieser 19 000 m² sein soll, und nur die, die schon genügend wissen, fühlen sich wirklich beklemmt, wenn sie durch die Alleen laufen. Der ausgezeichnete unterirdische «Ort der Information» wurde dem Architekten glücklicherweise aufgezwungen. Er ist jedoch viel zu klein. Aber Lea Rosh hat ja erreicht, dass der Bundestag sein Jawort erteilt ...

Im Gegensatz dazu sind mir selten in meinem Leben die Augen so schnell und so nachhaltig nass geworden wie beim Besuch des Jüdischen Museums von Daniel Libeskind. Wie schade, dass es durch die Dauerausstellung teilweise seines Sinnes beraubt wurde! Dazu war diese Ausstellung (jedenfalls noch bei meinem zweiten Besuch und nach meinem vergeblichen Protest) sehr merkwürdig. Alles ist schön und richtig, lehrreich und beeindruckend bis zum Ende des 18. Jahrhunderts, Moses Mendelssohn eingeschlossen. Dann siegt «die gute Stube». Heine und Börne sind nur begrenzt vorhanden. Karl Marx und Rosa Luxemburg fehlen. Eine Konvertierte wie Edith Stein wird nicht erwähnt.

Trotz meiner Einwände finde ich gut, dass die neue Zeitschrift *Intergenerational Justice Review* der *Foundation for the Rights of Future Generations* auf der Titelseite ihrer ersten Nummer 2009 ein großes Bild der Berliner Stelen bringt, um das Thema des Heftes «Historical Injustice» zu illustrieren. Es geht – mit sehr kontroversen Artikeln – um die Pflicht der Nachfolgergenerationen zur Erinnerung und um die Auswirkungen dieser unbegrenzten oder zu begrenzenden Pflicht.

Am lebhaftesten wird die Erinnerung durch direkte Kontakte erhalten; mit Israel bestehen zum Beispiel Hunderte von Schulpartnerschaften. Oder auch durch Schöpfungen wie den Korntal-Münchinger Wald nahe der israelischen Wüstenstadt Be'er Scheva, dessen zehnjährige Erstpflanzung im März 2009 gefeiert wurde und der nun aus 6000 Bäumen besteht, während im Jahre 2000 in Korntals Saalgarten, in der Nähe der Evangelischen Brüdergemeinde, ein Gedenkstein der Verbundenheit mit Israel aufgestellt wurde.

Nur wäre es für mich wünschenswert, bei Austausch und Gedenksteinansprachen einiges über die heutige menschliche und politische Realität zu erfahren und zu besprechen. In diesem Sinn haben am 3. Oktober 1998 die beiden Redner im Dresdner Schauspielhaus gesprochen, wo die Gesellschaft für Kinderheilkunde und Jugendmedizin bei Gelegenheit ihrer 94. Jahrestagung eine Gedenkfeier veranstaltete. Die Gesellschaft verabschiedete eine Resolution, in der es hieß, sie habe «in der Zeit des Nationalsozialismus Schuld auf sich geladen ... Die Mehrzahl der deutschen Kinderärztinnen und Kinderärzte jener Generation hat die Zerstörung der Existenz von über 700 jüdischen Kollegen widerstandslos geduldet. Sie und auch die Angehörigen der unmittelbaren Nachkriegsgeneration haben dazu geschwiegen ... Durch diese Erklärung kann die Last der Vergangenheit nicht vergessen gemacht werden; sie ist überhaupt nicht vergessen zu machen ... Die aktuelle Bedeutung des Holocaust liegt darin, welche Botschaft er für die Humanität enthält.»

Die beiden Redner waren Söhne emigrierter deutscher jüdischer Kinderärzte. Der andere war Paul Oestreicher, 1931 geboren, 1959 anglikanischer Priester geworden. Er gehörte zu den Gründungsmitgliedern von Amnesty International, war dann bis 1997 Domkapitular und Leiter des Internationalen Versöhnungswerkes an der Kathedrale von Coventry, das unter anderem die Städtepartnerschaft mit Dresden betrieben hat. Er hatte oft die Rolle eines Unterhändlers in Menschenrechtsfragen gespielt. Wir sagten Ähnliches. Die Veranstalter berichteten mir später, es habe Proteste von jüdischen Organisationen gegeben, weil die Redner keine echten Juden gewesen seien. Unbegründet war der Protest nicht.

Die auf heute angewandte Erinnerung darf und soll ein besonderes Verantwortungsgefühl bei den nächsten Generationen hervorrufen, und ich war froh, dass mein ehemaliger Student und Freund Gerhard Kiersch, später Direktor des Otto-Suhr-Instituts der Freien Universität Berlin, sein persönlichstes Buch *Die Erben von Goethe und Auschwitz* betitelt hat. Und mir ist jede zu große Selbstbeschränkung oder Vorsicht in Deutschland natürlich lieber als das österreichische Schweigen oder Zögern. Erst 2008 fand dort eine Erinnerungsfeier an die Kristallnacht statt, die in Österreich immerhin 91 Ermordete, 300 in Brand gesteckte Synagogen, beinahe 8000 Verhaftungen und Abertausende verwüsteter Geschäfte mit sich gebracht hatte! Und nicht einmal an diesem Tag kam es zu einer Umbenennung des Lueger-Rings, wo doch der Wiener Bürgermeister ein bekennender Antisemit war, von dem der junge Adolf Hitler viel lernte.

Mit Vorsicht erwähne ich die Vorsicht, die der Börsenverein des Deutschen Buchhandels bei der Vergabe des Friedenspreises an den Tag legt. Dass 1953 der vierte Preisträger der große Martin Buber war, ist problemlos. Es ist sogar zu beklagen, dass der Preisträger von 1960 weitgehend in Vergessenheit geraten ist. Der britische jüdische Verleger und Autor Victor Gollancz ist mein Vorbild gewesen, seit ich 1947 sein Buch *In darkest Germany* las und seinen Willen bewunderte, den besiegten und verelendeten Deutschen zu helfen, aus Hunger und Ruinen herauszukommen. In seiner Dankesrede sagte er: «Von meiner frühen Jugend an war ich für die Leiden anderer sehr empfindlich. Armut, Unterdrückung, Unrecht und Krieg – diese Dinge, die den Menschen Leiden auferlegen – schienen mir hassenswert und unerträglich.» Glücklicherweise scheint man sich seiner allmählich doch wieder zu erinnern: In der Ausgabe zum 40-jährigen Bestehen der Zeitschrift *Pogrom. Bedrohte Völker* im März 2009 schrieb der Gründer der Gesellschaft für bedrohte Völker, Tilman Zülch, einen Artikel «Unser Vorbild Victor Gollancz». Ein Victor-Gollancz-Haus besteht seit

2007. Auch fand ich schön, dass 2003 der Preis an Susan Sontag ging, hatte sie doch das Buch *Das Leiden anderer betrachten* (deutsch 2003) geschrieben. Aber die Liste der Preisträger lässt doch den Gedanken aufkommen, dass bisweilen ein übergroßes Bestreben nach Wiedergutmachung im Hintergrund stand. So sehr ich Fritz Stern schätze und für seine Deutschland-Bücher bewundere, hatte ich doch das Gefühl, dass sein Preis, ein Jahr nach dem «Skandal» um Martin Walser, eine Art Sühnezeichen gewesen ist. Mit Saul Friedländer pflegte ich seit langen Jahren gute Beziehungen und hatte sein Papstbuch «benachwortet». Seine Dankrede 2007 war allerdings nur seinem persönlichen Schicksal und der Tragik seiner Familie gewidmet, wobei das «Friedenschöpferische» zu kurz kam. Ich hätte gerne im Text des Preisträgers einige Kommentare zu dem Wandel gelesen, den der Laudator Wolfgang Frühwald erwähnt hatte: Katholisch getauft, hat Friedländer sich zum Judentum zurückbekehrt, seinen Vornamen Paul in Saul verwandelt. «1948 hat er sein Geburtsdatum gefälscht, um an den Kämpfen zur Gründung des Staates Israel teilnehmen zu können. Er hat sich bei der Jugendorganisation Betar eingeschrieben, die dem radikalen Irgun von Menachem Begin nahestand ... In den späten siebziger und den frühen achtziger Jahre war Saul Friedländer aktiv in einer (noch immer lebendigen) Bewegung, die ‹Frieden jetzt› *(Peace now)* erstrebt und im Konflikt mit den Palästinensern Land gegen Frieden verspricht.»

Frühwald hatte darüber hinaus von der «immer wieder streitig erneuerten Kultur des Erinnerns von Leid und Verbrechen» gesprochen, in der «heute das Ansehen Deutschlands in der Welt» wurzele. Wegen Anklagen jüngerer Generationen, um Anklagen von draußen zu vermeiden, und auch weil das Thema bei vielen so etwas wie eine zweite Natur geworden ist, grenzt die deutsche Selbstanklage jedoch manchmal an einen reinen Masochismus. Das beste Beispiel ist da die verblüffende Begeisterung für Daniel

Goldhagen gewesen. Ich darf annehmen, dass Jürgen Habermas sich nicht sehr wohl fühlt, wenn er die Laudatio wieder liest, die er für Goldhagen hielt, als ihm die *Blätter für deutsche und internationale Politik*, herausgegeben von Günter Gaus, Walter Jens, Jens Reich und anderen, erstaunlicherweise den «Demokratiepreis 1997» verliehen.

Als ich die amerikanische Ausgabe von *Hitlers willige Vollstrecker* las, konnte ich nicht verstehen, dass mein Freund Stanley Hoffmann, Professor in Harvard und Lehrer Goldhagens, auf die vierte Seite des Umschlags als Urteil hatte drucken lassen: «impeccable scholarship», «rigorous analysis». Ich schrieb ihm, auch im Namen meiner Freunde Karl Kaiser, Josph Rovan und Robert Picht, im Mai 1996 einen langen, traurigen Brief mit einigen Argumenten gegen das Buch. So hatte Goldhagen keine Ahnung, dass es verschiedene Typen von Konzentrationslagern gab. Die Wächter von Dachau sollten seine Thesen untermauern, obwohl es kein Lager für Juden war und Tausende von Deutschen, von denen G. nichts wissen will, dort interniert gewesen sind. Weil Eugen Kogon in seinem Buch über Buchenwald einen Juden erwähnt, heißt es «The antisemitically derived ideological impulse to force the Jews to work for is own sake» – als ob nicht Abertausende Nicht-Juden in Dutzenden Lagern gezwungen worden wären, nutzlos Steine zu klopfen!

Die Art, wie er das beeindruckende und solide Buch von Christopher Browning, *Ganz normale Männer. Das Reserve-Polizeibataillon 101 und die ‹Endlösung› in Polen*, benutzt und dann dumm kritisiert, wie er die nicht-jüdischen Opfer und die nicht-deutschen Verbrecher einfach beiseitelässt – ich sagte noch mehr. Die Todesmärsche vom Frühling 1945 betrafen und vernichteten teilweise circa 250 000 Menschen, von denen ein Drittel Juden waren. Nur die Juden sind für Goldhagen nennenswert.

Meine Beziehung zu Stanley Hoffmann ist auf Dauer getrübt geblieben. Was mir damals noch nicht bewusst war, weil ich

Buch und Fußnoten nicht akribisch untersucht hatte, war alles, was Ruth Birn 1997 in einem langen Beitrag für *The Historical Journal* an den Tag gebracht hat. Birn war «Chief historian, War crimes and crimes against humanity section» des Kanadischen Justizministeriums. Sie zeigte nicht nur den Quellenmangel und die furchtbaren Verallgemeinerungen, sie gab auch Beispiele von Textmanipulation. Wenn eine deutsche Einheit einen alten Mann getötet hatte, der Abraham hieß, wird die Tat von G. zitiert. Dass sie dabei ein Mädchen vergewaltigt und ermordet hatte, wird verschwiegen, da es sich nicht um eine Jüdin handelte. Wenn einige Deutsche und mehr Litauer an einem Ort Juden ermordet hatten, werden die Litauer, weil nicht vom «eliminatorischen Antisemitismus» beseelt, schlicht übergangen. Birns langer, präziser Beitrag endet mit einer optimistischen Bemerkung: Dass alle Experten der Shoah das Buch schlimm gefunden hätten, sei ein hoffnungsvolles Zeichen, dass die Wissenschaftlichkeit doch verbreitet sei.

Die Frechheit im Ton, die Verurteilung aller Vorgänger, Raul Hilberg inbegriffen, könnte als jugendlicher Eifer gedeutet werden. Aber die ständige Verallgemeinerung, der völlige Mangel an Vergleichen (mit Antisemitismus in anderen Ländern, mit anderen Verbrechen, mit anderen Gegebenheiten der deutschen Geschichte), die stalinistische Art, den Deutschen zu sagen «Ihr habt Juden nicht gerne, also, wenn Ihr logisch seid, müsst Ihr sie töten wollen und dann logischerweise auch töten» – alles hätte zeigen sollen, wie unseriös das Buch war. Israelische Experten schrieben, der junge Mann sei Medienkönig geworden, bevor er wissenschaftlich etwas geleistet hätte. Die einzige Antwort, die Goldhagen später gab, war eine Drohung, seine Kritiker wegen Diffamierung vor Gericht zu bringen. Auch seine Universität Harvard wurde unglücklich. Sie hat den Assistenten nie zum Professor gemacht.

Das hat den enormen Erfolg des Buches nicht verhindert, auch nicht in Frankreich oder in Italien. Der größte Triumph kam in

Deutschland, das Publikum strömte zu den Reden des Autors. Fundierte Kritiken wie die von Eberhard Jäckel wurden übergangen, einige Historiker ließen sich auf Dialoge ein, in denen sie sich nicht gerade mutig zeigten. Wie interessant, wie bestätigend für das deutsche Schuldgefühl war doch die herausgeschmetterte Aussage, dass die Deutschen schlechthin den «eliminatorischen Antisemitismus» immer empfunden hatten! Auf die Frage, warum dann eigentlich das Publikum diesen jüdischen Autor feierte, warum dieser dabei die Bundesrepublik ständig lobte, kam nur die Antwort, DIE Deutschen hätten sich 1945 total verändert.

Dass ein Buch, das die in Frankreich oder England erschienenen wahrhaft rassistischen antideutschen Werke der zwanziger und dreißiger Jahre wiederaufgriff, in der Bundesrepublik mit Begeisterung aufgenommen wurde, das würde ein Rätsel für mich bleiben, wenn ich diese Begeisterung nicht einem übertriebenen, masochistischen Schuldbewusstsein zuschreiben könnte. Dieses nun wird durch ständige Kritik von drinnen und von draußen neu angefeuert.

Ich muss gestehen, dass meine Irritation über Goldhagen so groß war, dass ich mein Vorwort zum aufschlussreichen Buch von John V. H. Dippel, *Die große Illusion. Warum deutsche Juden ihre Heimat nicht verlassen wollten* (1997), etwas zu sehr mit Kritik an jenem belastet habe. In seiner Einleitung hatte Dippel geschrieben: «Als Hitler zur Macht kam, lebten etwa 524 000 Juden innerhalb der Reichsgrenzen. Zwischen 250 000 und 200 000 dieser Gemeinde wanderten bis 1939 ‹freiwillig› aus oder wurden dazu gezwungen. Aber die knappe Mehrheit von ihnen blieb. Viele von ihnen entkamen in den letzten Momenten vor dem Ausbruch des Zweiten Weltkriegs, aber über 120 000 erkannten nicht, was die Stunde geschlagen hatte ... Die meisten von ihnen wurden schließlich in Konzentrationslager deportiert, wo alle bis auf wenige Ausnahmen umkamen.» Der Druck zur Auswanderung zeigte, dass das Regime nicht von Anfang an «eliminatorisch» gewesen war. Die Zahl und manche Persönlichkeit unter den Bleibenden (darunter Leo Baeck) hätten nach Kriegsende mehr Diskussion entfachen sollen.

Die Überlebenden waren gewiss nicht zahlreich, und die wenigsten kehrten nach Deutschland zurück. Die neubelebten jüdischen Gemeinden hatten vor allem alte Mitglieder. Ein echter demographischer Aufbruch kam erst durch die Zuwanderung aus dem Osten: Die circa 200 000 Juden aus der ehemaligen Sowjetunion bilden heute einen Großteil des deutschen Judentums. Ihre Integration in das Bestehende ist nicht immer leicht gewesen. Bei der Einweihung einer Gedenktafel im jüdischen Clementinen-Kinderhospital in Frankfurt, die an die Ärzte (darunter mein Vater als Chefarzt und Direktor) und Kinder erinnerte, die Opfer des Nazismus gewesen waren, erzählte ich Ignatz Bubis vom Erstaunen des Westends über die Emigrationsabsicht meines Vaters, weil doch Hitler nur die Juden aus dem Osten weghaben wollte. Ich fragte ihn, ob eine solche Abgrenzung heute noch gelte. Er bejahte dies, besonders für Berlin.

Und doch ist es gerade diese Zuwanderung, die den deutschen Vertretern der jüdischen Bevölkerung erlaubt, sich nur am Rande die grundsätzliche Frage nach dem Überleben des Judentums stellen zu müssen. Ihr hat sich der Großrabbiner von Israel Meir Lau, Präsident des Yad Vashem Zentrums, Anfang März 2009 beim Kongress des *Rabbinical Centre of Europe* gewidmet, an dem 300 europäische Rabbiner teilgenommen haben. Er sprach auf Grundlage einer amerikanischen Untersuchung, die, sagte er, auch für Europa Gültigkeit habe. Die Zahl der Mischehen, die Nicht-Überlieferung jüdischer Kultur und Praxis lasse die Zahl der Juden ständig sinken. Da Jude ist, wer eine jüdische Mutter hat, hänge viel von der Fruchtbarkeit der jüdischen Frauen ab.

Wenn man nun die verschiedenen Arten des Judentums betrachtet, so sind die Orthodoxen immer mehr in der Minderheit, aber zugleich sind sie es, die das Judentum fortführen. In den amerikanischen orthodoxen Familien ist die Kinderzahl je Frau im Durchschnitt 5,9, in den weltlichen Familien 1,2. Bei denen liegt der Prozentsatz der Mischehen bei 72 %, bei den Orthodoxen etwas unter 1 %. In Frankreich und in Deutschland wird die Lage tatsächlich nicht unähnlich sein.

Nun stellen sich die jüdischen Dachverbände nach wie vor als Vertreter aller Juden dar, ohne zu klären noch zu erklären, welche Männer und Frauen, die aus Mischehen hervorgegangen sind oder in Mischehe leben, überhaupt als Juden bezeichnet werden dürfen. Gewiss finden die jüdischen Gemeinden Zuwachs, aber nur ihre Mitglieder können von den Dachverbänden repräsentiert werden – wenn sie sich denn alle von ihnen vertreten fühlten!

Eine weitere zentrale Frage betrifft ein sprachliches Problem. «Jude in Deutschland», «deutscher Jude», «jüdischer Deutscher»? Seit 1951 besteht der Zentralrat der Juden in Deutschland. Die Vergangenheit machte diese Bezeichnung selbstverständlich. Aber als 1992 Ignatz Bubis zu dessen Vorsitzenden gewählt wurde, bereitete er ein autobiographisches Buch vor, das 1993 unter dem Titel *Ich bin ein deutscher Staatsbürger jüdischen Glaubens* erschien. Als solcher wurde er auch 1997 zu seinem siebzigsten Geburtstag von Bundespräsident Roman Herzog im Schloss Bellevue begrüßt. Seine parteipolitische Mitgliedschaft in der FDP sollte bestätigen, dass er am gesamten öffentlichen Leben Deutschlands als normaler Bürger teilnahm.

Das gutaufgemachte und illustrierte Buch *Ignatz Bubis. Ein jüdisches Leben in Deutschland*, das aus Anlass der gleichnamigen Frankfurter Ausstellung 2007 erschienen ist, gewichtet in meinen Augen viel zu sehr die Enttäuschungen und die Bitterkeit, die der schon kranke Bubis am Ende seines Lebens zum Ausdruck gebracht hatte. Er war doch nicht vergeblich bei allen Kundgebungen zur Verteidigung anderer Gruppen dabei gewesen. Das Ausstellungsbuch zeigt Bilder vor dem brennenden Haus für Asylbewerber in Rostock, während einer Demonstration gegen Fremdenfeindlichkeit und Ausländerhass in Berlin oder auch in Solingen, wo fünf türkische Bewohnerinnen durch einen Brandanschlag starben. Das dazu fettgedruckte Zitat lautet: «Ich habe, wenn ich Unrecht sah, es Unrecht genannt, egal ob gegen Juden, Sinti, Türken.» Aber das vorletzte dieser Zitate sagte: «Ich habe fast nichts bewirkt ... Die Mehrheit hat nicht einmal kapiert, worum es mir ging. Wir sind fremd geblieben.»

Hätte nicht gerade dieser Ausspruch in Verbindung gebracht werden müssen mit einem Passus der in Gesprächsform gehaltenen Autobiographie? «Wie kommt es, dass Galinski (direkter Vorgänger von Bubis an der Spitze des Zentralrats) für Härte und das stete Gemahnen an Auschwitz stand, während Sie das Pragmatische, den Versuch der Normalisierung der Beziehungen zwischen jüdischen und nicht-jüdischen Deutschen, repräsentieren?» – «Weil wir nicht immer *nur* mit der Vergangenheit leben. Nebenbei bemerkt, gibt es in der Politik, im Denken, überhaupt keinen Unterschied zwischen mir und Galinski. Galinski verstand es nicht so gut, über das Negative zu sprechen und dabei auch ein positives Wort einzuwerfen. Er sah durchaus auch das Positive im demokratischen Nachkriegsdeutschland. Aber wenn er dabei war, mahnend den Finger zu erheben, um ihn in die Wunde zu legen, hat er es nicht verstanden, gleichzeitig zu sagen, dass dieses oder jenes positiv ist.»

(Genau das habe ich bei einer Podiumsdiskussion zum 9. November 1988 im Berliner jüdischen Kulturzentrum erlebt. Galinski behauptete, die Kristallnacht werde in der Bundesrepublik ignoriert. Ich listete aus dem Gedächtnis auf, was es in den jüngsten Jahren und in den vorigen Monaten alles an Feiern, Reden, Publikationen gegeben hatte. Er antwortete kurz, so habe er es ja auch nicht gemeint.)

Scheint nicht der Zentralrat nach Bubis zur Haltung von Galinski zurückgekehrt zu sein? Jedenfalls hält er an dem Anspruch fest, alle Richtungen des Judentums in Deutschland zu vertreten, was, mindestens bis vor kurzem, nicht der Fall war. Dabei ging es zwar um Geld, aber gewiss nicht nur um Geld. Zur Debatte stand die Frage: Sollte der Zentralrat nicht einen Teil der staatlichen Hilfen an nicht-orthodoxe Verbände oder Synagogen weitergeben? Es bedurfte Gerichtsurteile, um die Frage positiv zu beantworten. Anfänglich sollte nichts von den jährlich fünf Millionen Euro, die die Bundesregierung zahlt, an die Union progressiver Juden weitergegeben werden. Seitdem sind sehr unterschiedliche neue Synagogen eingeweiht worden, die nun alle von allen gelobt werden – immer nachdrücklich von den deutschen Behörden, die sie alle freizügig mitfinanziert haben.

Aber welch Unterschied zwischen dem Bunker-ähnlichen Gebäude in Dresden und der weltoffenen Synagoge in München! In Berlin konnte 2007 sogar in Gegenwart des deutschen Außenministers Steinmeier das Bildungszentrum der Gemeinde Chabad Lubawitsch eingeweiht werden, wo doch die Lubawitsch für die strengste Orthodoxie und Abgeschlossenheit – ich wage zu sagen: Selbstghettoisierung – stehen. (In Paris hat ein befreundeter katholischer Priester, Gemeindevorsteher in einem armen Viertel, ohne weiteres eine Zusammenarbeit mit der muslimischen Gemeinde erreicht, während die Lubawitsch jeden Kontakt verweigerten.)

In Schwerin hingegen kamen im Februar 2009 tausend Besucher, um die neugebaute Synagoge zu besichtigen. Wiederum in Berlin wird eine neue Synagoge eröffnet, die *Lev Tov* (gütiges Herz) heißt, zugleich orthodox und offen sein will, aber einiges an Konflikten mit sich gebracht hat. Einfacher und mehr im Konsens ist es in Hannover gegangen. Die größte liberale Synagoge Deutschlands, am Platz einer ausgedienten evangelischen Kirche, wurde am 27. Januar 2009 ihrer Bestimmung übergeben, in Gegenwart von Ministerpräsident Wulff, Landesbischöfin Käßmann, Zentralratspräsidentin Knobloch und des Heidenheimer Bischofs

Trelle. In ihrer Ansprache lobte Charlotte Knobloch die Entschlossenheit und das Selbstbewusstsein der liberalen Gemeinde.

Das war umso weniger selbstverständlich, als der zukünftige Rabbiner der Synagoge, Gabor Lengyel, gebürtiger Ungar, seine Ausbildung am Abraham-Geiger-Kolleg der Universität Potsdam absolviert hatte. Zu Beginn der Feier überreichte ihm der Rektor des Kollegs, Walter Homolka, sein Abschlusszeugnis. Damit legten Homolka und der Zentralrat eine lange Fehde bei. Das Kolleg stellt im Übrigen einen Mangel ab, den Ignatz Bubis in seinen Memoiren beklagt hatte: «Es wächst (in Deutschland) auch kein eigener Rabbiner-Nachwuchs. Vor dem Krieg gab es eine Rabbinerschule in Berlin. Die einzige Rabbinerschule, die es heute in Europa gibt, befindet sich in England.»

Nun will eben Homolka die größte Offenheit beweisen. Das war auch der Sinn, der hinter der Einrichtung des Abraham-Geiger-Preises steckte. 2004 wurde ich als atheistischer Humanist preisgekrönt, 2006 ging der Preis an Kardinal Lehmann, 2008 an den jordanischen Prinzen El Hassan bin Talal, der unter anderem das *Royal Institute for inter-faith studies* gegründet hat. Stifter des Preises ist der badische Unternehmer Karl-Heinz Blickle, ein Protestant, der in seiner Gegend manche Synagogen neu errichtet, die überlebenden ehemaligen Einwohner der Örtlichkeiten zum Besuch in ihre Heimat eingeladen hat und zugleich, zusammen mit seiner Frau, eine Schule in Ramallah für palästinensische Kinder betreut. (Jeder Preisträger stiftet die zugesprochene Summe einer zum Verständnis beitragenden Einrichtung. Ich darf doch sagen, dass somit ein nach meinen Eltern benanntes Stipendium am Abraham-Geiger-Kolleg geschaffen wurde.) Im Jahr 2009 geht der Preis an Hans Küng, der zusammen mit Walter Homolka das wertvolle kleine Buch *Weltethos aus den Quellen des Judentums* herausgegeben hat, das 2008 im katholischen Herder Verlag erschienen ist.

Trotz aller Anzeichen eines halbwegs harmonischen Miteinanders von Juden und Nicht-Juden werden weiterhin auch harte Worte gesprochen. War es heute, wo alle Parteien bis auf eine kleine hinter dem vom Zentralrat immer verteidigten Staat Israel stehen, wirklich nötig und nützlich, wegen einer Protokollfrage mit öffentlichem Protest der feierlichen Sitzung des Bundestages fernzubleiben, auf der, wie jedes Jahr seit 1995, am 27. Januar 2009 der Befreiung von Auschwitz würdig gedacht wurde? Überdies bezeichnete der Generalsekretär des Zentralrats den Bundestagspräsidenten Lammert plötzlich als Lügner und fügte dann noch hinzu, dieser sei «schon lange nicht mehr tragbar, schon lange nicht mehr für dieses Land und für diese Funktion». Das Präsidium des Zentralrats distanzierte sich glücklicherweise von seinem Generalsekretär, aber es bremste nicht die ständige Identifizierung des Rates und seiner Präsidentin mit Israel.

Diese fällt immerhin weniger stark aus als die Verlautbarung der Zionistischen Organisation Deutschlands bei der Wahl eines Nachfolgers für ihren verstorbenen Präsidenten: «Wir werden die Stimme erheben, um Israels Situation zu erklären, aber auch um Antisemitismus/Antizionismus als zwei Seiten der gleichen Medaille in all seinen Erscheinungen entgegenzutreten ... Es ist unsere Aufgabe, dem Staat Israel beizustehen, auch weil wir überzeugt sind, dass dieses kleine Land für uns all das repräsentiert, was im Zentrum unserer Lebensweise steht ...» Dies geht wiederum auch nicht weiter als die Rede, die der Vorsitzende der *Keren Hayesod Deutschland* im Dezember 2004 gehalten hat. Dr. Michel Friedman, als deutscher Fernsehmann bekannt, begann folgenderweise: «Israel ist das Rückgrat des Judentums. Kein Diasporajude könnte stolz, selbstbewusst und sicher leben ohne den Staat Israel. Israel ist ein wunderschönes Rückgrat ...»

Ist nun Antizionismus mit Antisemitismus gleichzusetzen, wie es viele behaupten, die sich bedingungslos mit Israel identifizieren? Jeder sollte das hervorragende Buch *Was ist Antisemitismus?* (2004) von Wolfgang Benz, Leiter des Instituts für Antisemitismusforschung an der TU Berlin lesen, insbesondere das Kapitel «Wieviel Israelkritik ist erlaubt?» sowie die Schlussbetrachtung «Folgerungen», wenn man auch nicht in jedem Punkt einverstanden zu sein braucht.

Ein Thema hätte zum Beispiel stärker hervorgehoben werden können. Es wird in einem kurzen Satz von Hans Riebsamen angedeutet, der am 10. September 2007 in der *FAZ* eine Gesamtdarstellung des heutigen Frankfurter Judentums gebracht hat. Er spricht von den Funktionären von Hass-Moscheen, betont, wie jüdische Kinder, auch die, die aus jüdischen Schulen kommen, in den staatlichen gut aufgehoben sind, fügt jedoch hinzu: «Zuweilen machen sie aber auch dort die Erfahrung, dass sie in Sippenhaft mit den Israelis genommen werden. ‹Was macht ihr Juden wieder mit den Palästinensern?›, fragte ein Lehrer vor der Klasse eine jüdische Oberstufenschülerin.» Um es vorwegzunehmen: In Frankreich besteht bei den jungen arabischen Franzosen dieselbe Versuchung, jeden Juden als Israeli zu betrachten, da ja die offiziellen Sprecher der jüdischen Franzosen sich immer auch mit Israel identifizieren.

Was nun Israelkritik angeht, so möchte ich mit Martin Walser behaupten, dass es eine Moralkeule gibt, die ständig geschwungen wird. Ich finde es schade, dass seine Friedenspreisrede vom 11. Oktober 1998 nicht mehr gelesen worden ist und dass man sie nur auf vier Worte reduzierte, von denen das eine, «Schlussstrich», gar nicht vorhanden war. Die drei anderen waren «Wegschauen», «Instrumentalisieren» und eben «Moralkeule». Ich bedaure auch, dass Walser dann anscheinend so schlecht in der privaten Diskussion mit seinem verunsicherten Laudator Frank Schirrmacher und mit Ignatz Bubis gewesen ist.

Es stimmt, er hat einen verworrenen Text vorgetragen. Aber er hat auch Zutreffendes gesagt. «Kein ernstzunehmender Mensch leugnet Auschwitz, kein zurechnungsfähiger Mensch deutet an der Grauenhaftigkeit von Auschwitz herum. Wenn mir aber jeden Tag in den Medien diese Vergangenheit vorgehalten wird, merke ich, dass sich in mir etwas gegen diese Dauerpräsentation unserer Schande wehrt. Anstatt dankbar zu sein für die unaufhörliche Präsentation unserer Schande, fange ich an wegzuschauen. Wenn ich merke, dass sich in mir etwas dagegen wehrt, versuche ich, die Vorhaltung unserer Schande auf Motive hin abzuhören und bin fast froh, wenn ich glaube, entdecken zu können, dass öfters nicht mehr das Gedenken, das Nichtvergessendürfen das Motiv ist, sondern die Instrumentalisierung unserer Schande zu gegenwärtigen Zwecken. Immer guten Zwecken, ehrenwerten. Aber doch Instrumentalisierung ... Auschwitz eignet sich nicht dafür, Drohmaschine zu werden, jederzeit einsetzbares Einschüchterungsmittel oder Moralkeule oder auch nur Pflichtübung ...»

Am Tag nach der Rede las ich, dass der (übrigens ausgezeichnete) israelische Botschafter gefragt habe, was mit der Keule gemeint sei. Ich antwortete in einem deutschen Fernsehsender, die Keule werde ständig von Israel geschwungen. Auf jede deutsche Kritik an Israel erfolge die Reaktion: «Ihr? Denkt doch an Auschwitz!» Das Resultat ist, dass ich seit Jahren ständig von meinem deutschen Publikum zu hören bekomme: «SIE dürfen das sagen!» (Mit diesem Buch wird es wahrscheinlich ganz genauso gehen.)

Die Keule wird immer noch geschwungen. Sogar gegen Wolfgang Benz, der es gewagt hat, Judenfeindlichkeit und Islamfeindlichkeit zu vergleichen, was ich weiter unten ebenfalls tun werde. Allein der Vergleich, noch nicht einmal sein Ergebnis, verdient offenbar Prügel. Lassen wir Henryk Broder. Er hat zwar lesenswerte, gutgeschriebene, polemische Bücher veröffentlicht, zuletzt *Hurra, wir kapitulieren. Von der Lust am Einknicken* (2006) und *Kritik der reinen Toleranz* (2008) (nach dessen Lektüre ich allerdings den Eindruck hatte, die einzige Rettungsmöglichkeit unserer Zivilisation sei die Vertreibung aller Muslime aus Europa). Vieles darin scheint mir richtig, vieles übertrieben, zu verallgemeinernd, voller Vorurteile. Aber man kann wenigstens seine Argumente diskutieren.

Diskutieren kann Broder selbst leider gar nicht. Er antwortet nie, er schimpft, er beschimpft nur. Auch die Richter, die ihn wegen Diffamierung verurteilt haben: Es seien «Erben der Firma Freisler». Ein anderes Beispiel. Frage aus dem Publikum: «Warum haben Sie Alfred Grosser als Trottel bezeichnet?» Antwort Broders: «Ich habe ihn nicht als alten Trottel bezeichnet. Er ist einer.» Evelyn Hecht-Galinski, die Tochter des ehemaligen Zentralratsvorsitzenden, ist eine «hysterische, geltungsbedürftige Hausfrau». Patrick Bahners, Chef des *FAZ*-Feuilletons, wurde ähnlich behandelt.

Mich stört so etwas nicht. Was mich stört, ist, dass keines meiner Argumente beantwortet wird. Die Beschimpfung soll die Gegenargumentation ersetzen. Das bringt die Verteidiger Broders allerdings in Schwierigkeiten. Der Zentralrat hatte sich hinter Broder gestellt, daraufhin gab es ein Deutschlandfunk-Gespräch zwischen Charlotte Knobloch und der Journalistin Silvia Engels:

– Ch. K.: Wenn Antisemitismus im Raum steht, dann sollte nicht nur Herr Broder darüber sprechen, sondern viele andere und diesen Antisemitismus auch anprangern und Verleumdungen richtig stellen.

– S. E.: Kennen Sie denn Äußerungen von Frau Hecht-Galinski, die sie im Zusammenhang antisemitisch einordnen würden?

– Ch. K.: Ich bin nicht befugt, in irgendeiner Form das Urteil des Gerichts zu kommentieren …

– S. E.: … Nun kennen wir ja noch nicht diese konkreten Vorwürfe, die dann Herr Broder womöglich erhebt. Aber setzt Herr Broder deshalb vielleicht große Worte vom Antisemitismus zu generell ein?

– Ch. K.: Herr Broder ist ein bekannter Journalist, und er weiß genau, in welcher Richtung er seine Worte darstellen soll.

– S. E.: Können sie genau definieren, wenn jemand ein Antisemit ist?
– Ch. K.: Indem er Vorurteile und Rachegedanken an die Öffentlichkeit bringt ...
– S. E.: ... Avi Primor, der frühere israelische Botschafter in Deutschland hat ... gesagt, man solle mit diesen Vorwürfen des Antisemitismus vorsichtig sein, denn wenn man immer rufen würde, der Wolf käme, dann sei keiner mehr alarmiert, wenn der Wolf tatsächlich käme. Ist da was dran?
– Ch. K.: Nein, ich bin absolut nicht der Meinung von Herrn Primor, obwohl ich ihn sehr schätze.
– S. E.: ... Sie sehen also nach wie vor die Gefahr des wachsenden Antisemitismus?
– Ch. K.: Ich sehe ihn nicht nur, ich spüre ihn auch.
– S. E.: Haben Sie Beispiele?
– Ch. K.: Nein. Die gehören jetzt in diese Angelegenheit, über die wir uns jetzt unterhalten, nicht herein, sondern wir sollten uns wirklich zum Thema Antisemitismus vielleicht an anderer Stelle mal sprechen.»
(Ende des Interviews).

Die Keule holt mitunter sehr weit aus. Als Konrad Löw, Autor des Buches ‹Das Volk ist ein Trost›. *Deutsche und Juden 1933–45 im Urteil der jüdischen Zeitgenossen* (2006), bei einem Kongress «Forum der deutschen Katholiken» mitwirken sollte, erschien im Oktober 2007 eine Presseerklärung von Dr. Dieter Grauman im Namen des Zentralrats. Diese enthielt folgenden Satz: «Dass der Bayreuther Politologe Professor Dr. Konrad Löw, ein geistiger Vater des ehemaligen Abgeordneten Hohmann und Autor antisemitischer Beiträge, nicht nur als Podiumsteilnehmer, sondern auch noch als Mitglied des Kuratoriums beim Kongress auftaucht, bestätigt ... die schlimmsten Befürchtungen.» Kein Wort der Beschuldigung stimmte, sie wurde auch durch nichts belegt. Es war wahrscheinlich unerträglich, dass Löw gezeigt hatte, wie viele nicht-jüdische Deutsche jüdischen Deutschen geholfen hatten. Diese Hilfe hatte doch insbesondere Charlotte Knobloch das junge Leben gerettet und ihr erlaubt, die Nazi-Zeit zu überleben.

Der frühere, ehemals zu Recht populäre Sozialminister Norbert Blüm ist natürlich ebenfalls ein furchtbarer Antisemit. Er hat es zum Beispiel im Dezember 2003 bewiesen, als er eine Erklärung mit unterschrieb, in der es heißt: «Der von diesen Städten und Dörfern zersiedelte und zerhackte Raum Westbank wird von Tag zu Tag unfähiger gemacht, ein Staat Palästina zu werden.» Dieser und ähnliche Sätze bewiesen seinen Antisemitismus!

Als Paradebeispiel eines jüdischen Antisemiten dient der Verleger Abraham Melzer, der unter anderem die kritische Zeitschrift *Semit* wieder herausgibt. In der letzten Nummer der nun leider eingestellten wohltuend nüchternen *Jüdischen Zeitung* vom März 2009 steht ein langes Gespräch mit ihm. Melzer sagt: «Ich halte die Frage der jüdischen Identität in Deutschland, angesichts der Politik des Zentralrats, für äußerst wichtig und sträflich vernachlässigt ... Ich habe schon 1964 bis 1966 zusammen mit Henryk Broder eine jüdische Zeitschrift *(Kontakte)* herausgegeben, die sich mit dem Zentralrat angelegt hat und bei vielen jüdischen Gemeindevorsteher unbeliebt war.» Frage: «Der Präsidentin des Zentralrats werfen Sie vor, als ‹geistige Heimat› Israel zu nennen. Für wie viele Juden in Deutschland sprechen Sie mit dieser Kritik?» – «Ich weiß noch nicht ... Aber ich weiß, dass es mehr Juden gibt, für die Israel eben nicht die geistige Heimat ist, als Frau Knobloch ahnt ...»

Als Verleger israelkritischer Bücher wird Melzer von Broder als «Kapazität für angewandte Judäophobie» und als «Adolf» bezeichnet. Er selber meint: «Das Phänomen Broder ist eigentlich ein Skandal der deutschen Presse, die solch einen fanatischen Manipulator duldet ... Aber unser Projekt (der *Semit*) ist nicht gegen etwas, also auch nicht gegen Broder, sondern für etwas, für ein gerechteres und humaneres Israel, das seine Identität nicht mehr aus dem Opfersein schöpft, sondern aus der reichen, weisen und universellen jüdischen Lehre.»

Bedauerlich finde ich, dass der von mir doch sehr geschätzte Arno Lustiger Broder bei seinen Angriffen gegen Evelyn Hecht-Galinski und andere zur Seite gesprungen ist. Noch bedauerlicher finde ich, dass er weiterhin eine Aktion rechtfertigen will, die Ähnlichkeit mit einer anderen hat. Wo die Unterschiede zwischen beiden liegen, habe in der *FAZ* vom 1. September 2008 klargemacht. In meinen Augen ist es zumindest verständlich, dass 1985 die Bühne des Frankfurter Schauspielhauses besetzt wurde, um eine Uraufführung des Fassbinder-Stückes «Der Müll, die Stadt und der Tod» zu verhindern: «Ja, das Stück ... war antisemitisch und Ignatz Bubis war nicht allein dieser Meinung. Alle Personen hatten einen Namen, nur eine nicht. ‹Der reiche Jude›, der unter anderem sagte: ‹Ich bin kein Jud (sic) wie Juden Juden sind›.»

Kein Verständnis habe ich hingegen dafür, dass Lustiger gut zwanzig Jahre später dazu aufrief, eine andere Veranstaltung in Frankfurt zu sprengen. Der Abraham Melzer Verlag wollte Anfang 2006 ein Buch von Rupert Neudeck vorstellen: *Ich will nicht mehr schweigen. Über Recht und Gerechtigkeit in Palästina*. Die Drohung, mit wehenden israelischen Fahnen anzugreifen, hatte Erfolg. Der Regionalverband der Evangelischen Kirche zog die Erlaubnis zurück, den zur Verfügung gestellten Saal für die Vorstellung zu benutzen. «Hier ging es nicht um Antisemitismusbekämpfung, sondern um brutale Zensur ...»

Lustiger hatte das Buch nicht gelesen, hatte anscheinend auch nicht die vielfältigen mutigen Aktivitäten Neudecks zur Kenntnis genommen, darunter die Rettung von alten Synagogen in arabischen Ländern. Über all dies, auch über das Scheitern der Frankfurter Veranstaltung, könnte er nun in Rupert Neudecks neuem Buch *Abenteuer Menschlichkeit. Erinnerungen* (2007) etwas erfahren, einige Dinge vielleicht sogar nachvollziehen. Und das zu einer Zeit, wo viel Schlimmes über den Gazakrieg ans Licht kommt und die neue israelische Regierung kaum Schritte zum Verstehen und zur Verständigung ankündigt.

Ist das Gleichsetzen von Israelkritik und Antisemitismus, ist das Keuleschwingen ein rein deutsches Phänomen, das mit der deutschen Schuld an Auschwitz zu tun hat? Bevor ein Vergleich zu Frankreich gezogen wird, soll ein Beispiel zeigen, wie es von jüdischer Seite auch anders gehen kann. Nämlich bei den liberalen Juden in Belgien.

Die Monatszeitung *Regards* wird in Brüssel vom *Centre communautaire laïc juif* (CCLJ) herausgegeben, wobei *laïc* wie immer kaum ins Deutsche übersetzbar ist (wohl am wenigsten schlecht: weltlich). Die Schwierigkeit, ein *Juif laïque* zu sein, war das Hauptthema der Dezember-Nummer 2007. Wie bleibt man ein echter Jude, wenn man ein normales Mitglied der Gesellschaft in ihren politischen, sozialen, wirtschaftlichen Dimensionen sein will und sich auch als solches fühlt? An welchen Gebräuchen, Traditionen, Glaubenselementen hält man fest? Diese Selbstbefragung geht aber nicht zu Lasten der Angriffslust. So heißt es im Leitartikel: «Vorkämpfer der siegesgewissesten Laizität, wenn es um den Islam geht, bleiben Juden stumm wie die Fische gegenüber dem Fundamentalismus und der Intoleranz einiger Randgruppen des Judentums.»

Im März 2006 hieß es im üblichen Beitrag von David Susskind, Ehrenpräsident des CCLJ: «Der Verteidigungsminister Ehud Barak von der Arbeitspartei hat die Zahl der Siedlungen nicht verringert, sondern erhöht. Auf der Westbank hat er die Zahl der Checkpoints von 520 auf 600 gebracht. Ein Checkpoint, das bedeutet, dass man Personen zurückhält, dass man sie durchsucht, dass dafür eine halbe Stunde gebraucht wird, aber ebenso gut acht Stunden. Manchmal kommt man durch, manchmal nicht. Es ist das Reich der Willkür. Es ist erniedrigend und nicht akzeptabel für die Demokraten, für besorgte Juden ... Was könnte Netanjahu Schlimmeres machen? Tausend Checkpoints? ... Es gibt Parteien, die ein Großisrael wollen und sagen, solches sei der Preis des Krieges. Aber wenn ich nicht nach der Regel handle, dass alle Menschenwesen vor Gott gleich sind, wer bin ich?»

Ein Leitartikel des Chefredakteurs Nicolas Zomersztajn, «Hören wir dem Rabbiner zu, vor allem wenn er sich selbst befragt», lobt einen Beitrag des Rabbiners David Meyer in der Tageszeitung *Libre Belgique*. Es heißt darin: «Die israelische Realität von 2009 ist unglücklicherweise die einer wohlstrukturierten Ideologie, einer Mischung aus Nationalismus und Pseudoreligion, die Hass und Verwerfung in sich trägt, mit anderen Worten: Fanatismus.» Zomersztajn stellt fest: «Anders zu denken als seine Gruppe ist nicht leicht, aber es ist auch das Merkmal einer Kategorie großer Juden, die zugleich universalistisch und ihren Wurzeln treu waren.»

In der Februar-Nummer 2009 beschreibt er die Uneinigkeit der belgischen Juden. Die einen «entscheiden sich dafür, die Botschafter Israels zu spielen, und rechtfertigen all sein Tun und Treiben. In diesem Sinn geht es darum, Israel bedingungslos zu unterstützen und nie auch nur die kleinste Kritik zu äußern ... Andere haben sich entschieden, ausschließlich auf Israel zu schießen und es für alles in der Krise verantwortlich zu machen. Sie nähren ihre Verurteilungen mit den kritischsten Analysen, die sie in der israelischen Presse finden ... Zwischen beiden Polen sucht die Mehrheit ihre Rolle ... Diese Juden sind zerrissen zwischen dem, was sie während dieser Offensive (in Gaza) gesehen haben ... und ihrer Anhänglichkeit an Israel, dieses Land, das sie kennen und lieben.»

Das hindert *Regards* gewiss nicht daran, regelmäßig den Antisemitismus in seiner heutigen Erscheinung darzustellen und zu bekämpfen, besonders wenn er die Form einer «Nazifizierung» Israels annimmt. Aber der Grundgedanke hinter all diesen Bestrebungen wird klar in der jährlichen Verleihung des Titels *le* Mensch *de l'année*, der Menschlichste des Jahres.

Frankreich kennt noch stärker die beiden Extreme von bedingungsloser Unterstützung und radikaler Ablehnung der israelischen Politik. Nur dass das eine viel weniger vernommen und von keiner Autorität unterstützt wird. Die UJFP – *Union juive française pour la paix*, angeschlossen an die *European Jews for a Just Peace* (EJJP) – kritisiert nicht nur die israelische Politik, sondern Israel schlechthin mit einer Aggressivität, die der der moslemischen Kritiker kaum nachsteht. Bekannt und von allen großen Parteien unterstützt ist auf der anderen Seite der schon erwähnte CRIF – *Conseil représentatif des institutions juives de France* –, der ungefähr dem deutschen Zentralrat entspricht.

Heute ist der CRIF ein harter, unnachgiebiger, unkritischer Verteidiger des Staates Israel und aller Aspekte seiner Politik. Sein Präsident Richard Pasquier, als Richard Praszkier 1945 in Gdansk geboren, verdankt das Leben seiner Mutter einer polnischen katholischen Familie, die sie dadurch rettete, dass sie sie als ihre Tochter ausgab. Hier besteht also eine gewisse Ähnlichkeit mit dem Schicksal von Charlotte Knobloch. Pasquier wird zornig, wenn er in einem Interview gefragt wird, ob es nicht einen Widerspruch geben könnte zwischen den beiden Aufgaben, die er dem CRIF zuschreibt: die Unterstützung Israels und die Verteidigung der jüdischen Gemeinschaft Frankreichs. «Wenn ich eines Tages denken würde, dass ein Jude Frankreichs seine Unterstützung für Israel nicht zum Ausdruck bringen sollte, weil er damit die Gemeinschaft als solche in Gefahr bringen könnte, so würde ich sofort meine Koffer packen.»

Das jährliche große Abendessen, *dîner républicain*, des CRIFs ist zu einer offiziellen Kundgebung für Israel geworden. Traditionell erscheinen dort Präsident, Regierung und Parteien – sofern sie eingeladen werden: 2007 sind nicht nur die KP, sondern auch die Grünen wegen ihrer Israel-Kritik von der Einladungsliste gestrichen worden. Beim Essen vom März 2009 rief Pasquier in seiner Rede alarmiert: «Der Antisemitismus ist wieder da», und griff vor allem die UOIF – *Union des organisations islamiques de France* – an, weil dieser Dachverband Theoretiker des Antizionismus und Verherrlicher der Hamas sei. Diesmal kam der Präsident der Republik nur für ein paar Minuten. Nicolas Sarkozy sagte: «Wenn man einen Juden angreift, nur weil er Jude ist, da soll sich ganz Frankreich solidarisch fühlen.» Aber er fügte gleich hinzu: «Ich würde dasselbe sagen, wenn es um Islamophobie ginge.»

Der Kampf gegen den Antisemitismus mag in Frankreich wie in Deutschland zur Unvorsicht verleiten. Im sogenannten Hakenkreuzfall von Mittweida hat das zuständige Amtsgericht Hainichen Rebecca K. im November 2008 der Vortäuschung einer Straftat für schuldig gefunden. Sie hatte behauptet, sie sei vor einem Supermarkt einem sechs Jahre alten Mädchen zu Hilfe geeilt, das von Rechtsextremen belästigt worden sei. Daraufhin hätten ihr die jungen Männer ein Hakenkreuz in die Hüfte geritzt. Sie erhielt Anfang 2008 den Ehrenpreis des Bündnisses für Demokratie und Toleranz. Die bundesweite Aufregung über den Vorfall war groß gewesen.

In Frankreich war sie noch größer, als eine junge Frau angab, sie sei in der S-Bahn als Jüdin beschimpft und misshandelt worden; sie trug einen Schnitt im Gesicht und ein eingeritztes Hakenkreuz am Bauch davon. Bald jedoch gestand sie, dass es keinen Angriff gegeben und sie sich die Verletzungen selbst zugefügt hatte. Aus der Geschichte ist 2009 ein vielbesprochener und ziemlich erfolgreicher Film geworden, *La fille du RER*, der sich mehr um die Motivationen des Mädchens kümmert als um die Problematik der Empörungswelle.

Das soll nicht heißen, dass es keine echten antisemitischen Ausschreitungen in Wort und Tat gebe. Aber, wie in Deutschland, entsteht eine neue Form des Antisemitismus, die die israelische Politik und das Judentum schlechthin gleichsetzt, eben weil das organisierte Judentum sich völlig mit Israel identifiziert. Und dies erlaubt dem «alten» Antisemitismus, wieder hervorzutreten, wobei sich die rechtsextreme Seite auffallend zurückhält. Jean-Marie Le Pen war stets mehr gegen die Araber als gegen die Juden. Sein Vorgänger, der Anwalt Tixier-Vignancourt, hat nach dem Sechs-Tage-Krieg den furchtbaren Ausdruck geprägt: «Nous voici donc youpinophiles» – *Youpin* war der Ausdruck, den die Antisemiten voller Verachtung und Hass für die Juden gebrauchten, so etwa wie das französische *Boches* für die Deutschen.

Es gibt in den Medien und Institutionen der französischen Juden auch eine übertriebene Selbstbezogenheit: Die einzige Grundfrage, die sich die Monatszeitung *La Tribune juive* im Dezember 2008 stellte, war: «Barack Obama – un bon président pour Israel?» Darüber hinaus besteht ein Hang zur Zensur und – in der nicht-jüdischen Presse – zur Selbstzensur. Ein persönliches Beispiel: 2002 veranstaltet *La Tribune juive* eine Umfrage unter einem Dutzend jüdischer Intellektueller. Thema: «Welche Rolle können unsere frankophonen Intellektuellen noch auf der nahöstlichen Bühne spielen?» Meine vorschriftsgemäß kurze Antwort wurde als einzige nicht gebracht, trotz des Versprechens der Redaktion, dass es keine Zensur geben werde.

Was hatte ich denn gesagt? Das Gleiche wie vor einem Antisemitismusausschuss des Bundestags, dessen «unparteiischer» Vorsitzender, Professor Weisskirchen, mir daraufhin gesagt hatte, er sei tolerant wie Voltaire, da er mich habe ausreden lassen. Nämlich 1) dass ich als kleiner Jude in Frankfurt verachtet worden sei und nicht verstehen könne, dass Juden verachten, und dass meine Moral die der gleichen Würde aller Menschen sei, 2) dass das Einzige, was wir tun könnten, sei, die israelischen Verantwortlichen anzuflehen, doch einige Worte des Verstehens und des echten Mitleids auszusprechen für die Einwohner des großen Ghettos von Gaza und für die Palästinenser, die leiden und die wegen der

Siedlungen und deren Schutz immer wieder Kränkungen erdulden müssen.

Verschiedene Fälle von Zensur und Selbstzensur sammelte der jüdische Anwalt Guillaume Weill-Raynal, Bruder eines der unnachgiebigsten Verteidiger Israels, in seinem Buch *Une haine imaginaire? Contre-enquête sur le «nouvel antisémitisme»* (2005) (Ein eingebildeter Hass? Gegen-Untersuchung über den «neuen Antisemitismus»). Wie um ihm recht zu geben, brachte keine Zeitung eine Rezension.

Es gibt also große Ähnlichkeiten zwischen Frankreich und Deutschland, obwohl in Frankreich doch viel weniger wegen Auschwitz die Keule geschwungen wird. Dafür äußern sich mehr jüdische Stimmen vernehmlich im Namen der Gerechtigkeit und der Menschlichkeit als in Deutschland, wenn es auch bisweilen Selbstüberwindung kostet. Am 5. Februar 2009 veröffentlichte Claude Weil, Chefredakteurs des *Nouvel Observateur*, eine weitverbreitete Wochenzeitung, einen Artikel unter dem Titel *Penser contre soi-même* (Gegen sich selbst denken). Er bedauerte darin, dass die Leiter der offiziellen jüdischen Organisationen ständig Zionismus und Judentum gleichsetzten, dass Richard Pasquier behauptete, 95 % der französischen Juden befürworteten die israelische Offensive auf Gaza. Und dass der CRIF und die UEJF – *Union des étudianst juifs de France* (Verband der jüdischen Studenten Frankreichs) – zusammen inmitten der Gaza-Krise mit wehenden israelischen Fahnen für die israelische Politik demonstrierten und somit völlig einseitig auftraten und den Antisemitismus dadurch nicht gerade verringern würden. Der jüdische Journalist bekam daraufhin wütende Reaktionen.

Bezeichnender ist dabei die allgemeine Anerkennung, die Verehrung, die nüchternen, freimütigen, aufgeschlossenen jüdischen Persönlichkeiten entgegengebracht wird. Seit Jahrzehnten ist der jüdisch-algerische französische Journalist Jean Daniel ein vielgelesener Leitartikler, dessen Rat auch die Regierenden häufig suchen.

2008 sind seine Kolumnen seit 1956 als dickes Buch unter dem Titel *Israël, les Arabes, la Palestine* erschienen, ohne Angriffe auf sich zu ziehen.

Noch bekannter ist Stéphane Hessel. Nicht nur, weil sein Vater, der jüdische Schriftsteller Franz Hessel, und seine Mutter, die sehr nonkonformistische Helen Grund, mit dem Franzosen Henri-Pierre Roché eine Dreiecksbeziehung hatten, deren Geschichte François Truffaut in *Jules et Jim* verfilmt hat. Es ist auch sein Lebenslauf und vor allem das, was er daraus gemacht hat. 1917 in Berlin geboren, kam er 1924 nach Frankreich, wurde kurz vor dem Krieg an der berühmten École normale supérieure angenommen, nachdem er 1937 eingebürgert worden war. Nach der französischen Niederlage ging er zu de Gaulle nach London, gehörte dann dem Geheimdienst des Widerstands an, überlebte die KZs Buchenwald, Rottleberode und Dora, wurde Diplomat und Botschafter, immer mehr auf der Ebene der Welt- und Friedensinstitutionen. In Frankreich versuchte er Persönlichkeiten zusammenzubringen, die wie er der reformistischen, humanistischen, ethischen Linken angehören. Seine Devise sei «überall sein ohne irgendwo eingeschlossen zu sein», insbesondere nicht in seinem Judentum. Die härteste französische Kritik an der israelischen Politik, vor allem während der Gaza-Offensive, stammt aus seiner Feder. Zu seinem 90. Geburtstag erschien 2008 sein Memoiren-Buch *Citoyen sans frontières*. Ihn anzugreifen und als Antisemit zu beschimpfen, wagt niemand. Er wird nur von seinen Gegnern ignoriert.

In Deutschland spricht man weniger von Menschen, die sich der Verständigung widmen. Im Dezember 2005 hatte ich die Ehre, die Laudatio auf Giora Feidman zu halten, der den Friedenspreis der deutsch-polnischen Schwesterstädte Görlitz und Zgorzelek erhielt. Der Klezmer-Klarinettist spielte am Ende der Feier eine eigene Komposition, musikalisch fürchterlich, menschlich rührend, nämlich eine Mischung der deutschen, der israelischen und der palästinensischen Nationalhymne.

Der Mann, der in meinen Augen den Frieden durch Verständnis verkörpert, ist Daniel Barenboim. Sein Orchester «West-östlicher Diwan» lässt nicht nur seine Musiker den Standpunkt der anderen – Israelis oder Palästinenser – besser verstehen, sondern bringt auch die Zuhörer, neben dem musikalischen Genuss, zu einer gewissen Selbstbefragung. Leider musste ich in Deutschland mehrmals feststellen, dass die Allgemeinbildung bisweilen Lücken aufweist. Meine Zuhörer wussten nicht, dass ein gewisser Johann Wolfgang Goethe unter diesem Titel schöne, den Orient lobende Gedichte versammelt hat. Gesagt zu haben, dass Barenboim für den Frieden mehr tut als Scharon, ist mir vom Antisemitismus-Ausschuss auch übelgenommen worden.

Jüdische Deutsche, jüdische Franzosen leben zusammen – oder wenigstens im selben Land – mit einer viel, viel größeren Anzahl von Muslimen, die in Deutschland oft zu Unrecht Mitbürger genannt werden, es aber in Frankreich in der Mehrzahl (rund 3 von 5 Millionen) auch wirklich sind. Im täglichen Leben, in ihren Berufschancen, in ihrem Zugang zu höheren Funktionen in Politik und Wirtschaft erleiden sie Diskriminierungen, denen Juden glücklicherweise nicht mehr ausgesetzt sind. Eine solche Feststellung mag irritieren, wenn über Antisemitismus diskutiert wird, aber sie entspricht ganz einfach den Tatsachen, und die Regierungen beider Länder versuchen, hier Verbesserungen zu erreichen.

Ein in Berlin wie in Paris eingeschlagener Weg besteht darin, die Entstehung eines deutschen oder französischen Islam zu fördern: durch die Ausbildung von Deutsch sprechenden und Deutsch predigenden Imamen und durch die Erleichterung des Baus von Moscheen, die nicht nur von saudi-arabischem Geld finanziert sind. Letzteres ist in Frankreich schwieriger, weil die seit 1905 gesetzlich vorgeschriebene Trennung von Staat und Kirche öffentliche Zuschüsse für religiöse Gebäude untersagt. Aber viele Bürgermeister finden juristische Umwege, sodass 2009 ungefähr zweihundert Bauprojekte vor der Verwirklichung stehen. Man geht davon aus, dass sich ein Islamismus-resistenter Islam eher verbreitet, wenn die Gläubigen nicht gezwungen sind, Keller oder Garagen als Orte des Kults zu benutzen. Auch verbreitet sich der Usus, den Muslimen auf Friedhöfen eigene Abschnitte einzuräumen, wie es sie für die Juden bereits gibt.

Auch die Ausbildung von Imamen schreitet in Frankreich voran. Im November 2008 hat der Rektor der großen Moschee von Paris vierzig Absolventen des ihr angeschlossenen Institut Al-Ghazali ihre Diplome als *aumônier musulman* (Seelsorger) überreicht, für die sie eine zweijährige Ausbildung hatten durchlaufen müssen. Zugangsvoraussetzung waren die *licence de sciences religieuses islamiques* und ein vierjähriges Studium. Die meisten hatten zugleich am *Institut catholique de Paris* einen Studiengang *Religion, laïcité, interculturalité* absolviert.

Ein Sonderheft der Zeitung *Libération* brachte im August 2007 eine Übersicht über die Gruppen und Einrichtungen, die überzeugt sind, dass der *intégrisme*, der Fundamentalismus, ihre Religion entstellt. Allerdings gehören auch zum *Conseil français du culte musulman* fundamentalistische Organisationen. Der CFCM – vergleichbar dem Koordinierungsrat der Muslime in Deutschland – setzt sich aus fünf Verbänden zusammen, wird aber von der Regierung als einheitliche Vertretung des Islams in Frankreich angesehen. Die Spannungen innerhalb des Gremiums sind nicht nur durch verschiedene Auffassungen des Islams bedingt, sondern auch durch die sich feindlich gegenüberstehenden Beeinflussungen aus Algerien und Marokko. Leider sind immer noch 80 % der in Frankreich wirkenden Imame im Ausland ausgebildet worden, sprechen oft nicht Französisch und sind mit den rechtlichen, kulturellen und politischen Regeln des Landes wenig vertraut. Dies sollte sich, wenn auch langsam, verändern.

In Deutschland wollen die Innenminister, von Schily bis

Schäuble, einen ähnlichen Weg gehen. Ist es übertrieben zu behaupten, dass die Kirchen keine Begeisterung für das Entstehen einer organisierten Religionsgemeinschaft zeigen, weil diese dann eine für Deutschland normale Kirchensteuer beanspruchen könnte? Der Bau von Moscheen schreitet voran, mit Streit um ihre Größe in Köln, unter Protesten nach dem Motto «selbstverständlich, aber nicht bei uns» in Frankfurt, anscheinend vorbildlich in Duisburg, wo der Bau auch von der Europäischen Union unterstützt wurde und wo das Gebäude friedlich neben der katholischen und der protestantischen Kirche steht. Eine eigentliche private Imam-Schule ist im März 2009 in Berlin eröffnet worden. Fächer sind Arabisch, Türkisch, Kunst, Koranlehre, aber auch Deutsch und Gesellschaftskunde. Warum Türkisch? Weil die Mehrzahl der Mitglieder des Trägervereins aus der Türkei kommen.

Hier stößt man auf zwei deutsche Phänomene, die es in dieser Form in Frankreich nicht gibt. Das erste betrifft den Berliner Streit um den Ethik-Unterricht. Ist dieser gemeinsame Unterricht nicht viel besser für die Integration der islamischen Kinder, als ein getrennter Religionsunterricht, der die Unterschiede verstärkt und somit die Gefahr der Selbstghettoisierung?

Das andere Spezifikum ist, dass die Türken die mit Abstand größte Einwanderergruppe in Deutschland stellen. Der größte islamische Dachverband DITIB (Türkisch-Islamische Union der Anstalt für Religion) steht unter direkter Kontrolle und Leitung aus Ankara, mit Auswirkungen auf die meisten Moscheen und ihre Imame. Die türkische Einwanderung nach Deutschland war und ist eine besondere, da sie seit bald fünfzig Jahren auf einem Vertrag zwischen den beiden Staaten gründet. Heute noch steht der Religionsunterricht unter Kontrolle der türkischen Regierung. In der Türkei hat lange die Regelung gegolten, dass ein Türke, der deutscher Staatsbürger geworden ist, sein Erbrecht verwirkt. Dass diese Besonderheit heute noch wichtig ist, hat die schlimme Rede des Premierministers Recep Tayyip Erdogan in Köln im Februar 2008 gezeigt.

Für Erdogan gibt es nur eine türkische Gemeinschaft in Deutschland, wobei gleichgültig ist, ob es sich bei den Gemeinten um deutsche Staatsbürger handelt oder nicht. «Selbstverständlich», sagte er, «werden unsere Kinder Türkisch lernen. Das ist ihre Muttersprache, und es ist Ihr natürlichstes Recht, Ihre Muttersprache Ihren Kindern weiterzugeben ... Die türkische Gemeinschaft mit ihren drei Millionen Menschen sollte in der Lage sein, in der deutschen politischen Landschaft Einfluss auszuüben, Wirkungen zu erzielen ... Niemand kann von Ihnen erwarten, dass Sie sich einer Assimilation unterwerfen. Denn Assimilation ist ein Verbrechen gegen die Menschlichkeit.» (Was sind da die Assimilationszwänge, die die Türkei jahrzehntelang ihren Kurden auferlegt hat und noch auferlegt?) Für ihn sollten alle Türken in Deutschland Deutsch als zweite Sprache, als Fremdsprache lernen.

Das Verheerende an dieser Rede war nicht die Verurteilung der Assimilation. Raum für Integration bliebe genug. Integration im Sinne dessen, was Wolfgang Schäuble im März 2009 gesagt hat, als die türkischen Verbände im Berliner Roten Rathaus 60 Jahre Bundesrepublik feierten, nämlich gewissermaßen mit einem Habermas'schen Verfassungspatriotismus oder einer *laïcité républicaine* als gemeinsamer Grundlage. Erdogans Rede dagegen nährte die Ablehnung der starken türkischen Präsenz in Deutschland, so wie sie Ralph Giordano in einem Gespräch gerade mit Schäuble nachdrücklich aussprach (*Frankfurter Allgemeine Sonntagszeitung* vom 2. März 2008). «Die türkisch dominierte muslimische Gesellschaft ist kollektiv nicht integrierbar.» Der Innenminister sei viel zu tolerant. «Es macht mir Angst, dass Sie so viel Verständnis haben ... Wer heute den Moscheebau oder gar den Islam kritisiert, kriegt von links die Rassismuskeule zu schmecken.»

Wie steht es nun mit dieser Keule? Ist es erlaubt, Muslimfeindlichkeit mit Judenfeindlichkeit zu vergleichen? Eine in meinen Augen lächerliche Debatte hat in Deutschland stattgefunden, weil das bewährte Zentrum für Antisemitismusforschung im Dezember 2008 eine Konferenz *Feindbild Muslim – Feindbild Jude* veranstaltet hat, deren Berichte und Diskussionen 2009 im kleinen Buch *Islamfeindschaft und ihr Kontext* erschienen sind. In seinem ausgezeichneten Vorwort verweist Wolfgang Benz darauf, dass «die Judenfeindschaft von Muslimen schon länger zum Gegenstand besonderer Aufmerksamkeit geworden ist», fügt aber hinzu, dass «die Parallelen von Antisemitismus und Islamfeindschaft unverkennbar sind.»

Die Angriffe gegen ihn kümmerten sich jedoch gar nicht um den Inhalt der Analysen, bei denen, wie es sich logisch und wissenschaftlich ziemt, Ähnlichkeiten keine allgemeine Gleichsetzung bedeuten. Nein, der Vergleich als solcher war bereits ein Zeichen des Antisemitismus, wenn nicht der Holocaustleugnung. Ein nüchterner Beitrag von Micha Brumlik in der *taz* brachte ihm natürlich gleich Beschimpfungen von Henryk M. Broder ein. Elie Wiesel und Daniel Goldhagen ließen sich dazu verleiten, ohne Kenntnis der Texte hart zu urteilen. Die Stimme des Nestors der Shoah-Forschung, Yehuda Bauer, der Benz in der *Jerusalem Post* verteidigte, wurde überhört. Als ob es keine Islamfeindlichkeit, als ob es keinen gegen Muslime gerichteten Rassismus gäbe!

In Frankreich jedenfalls sind beispielsweise die Schändungen islamischer Gräber mindestens genau so häufig wie die jüdischer Friedhöfe. Glücklicherweise gibt es hier eine jüdisch-islamische Solidarität, die zu gemeinsamen Protesten führt, wenn einer von beiden Objekt des Rassismus wird. Im November 2008 fand eine Begegnung zwischen zwei Neugewählten statt: Gilles Bernheim sollte am 1. Januar sein Amt als Großrabbiner Frankreichs antreten, Mohamed Mousaoui war im Juni Präsident des CFCM geworden. Beide zusammen zeigten sich erfreut über die Arbeit der Gesellschaft für jüdisch-muslimische Freundschaft *(Amitié judéo-*

musulmane). Beide zusammen verurteilten «antisemitische, islamfeindliche und christenfeindliche *(islamophobes et christianophobes)* Handlungen». Zuletzt wurde bekannt gegeben, der CFCM plane einen Festtag, an dem morgens jeder die Kultstätten der Anderen besichtigen werde, während der Nachmittag der Entdeckung des immateriellen Erbguts der großen Religionen, ihrer Geschichte und ihrer Kultur gewidmet sein würde. Welch schrecklich naiver «Gutmensch» ist doch dieser Großrabbiner!

Was Deutschland betrifft: Ist wegen des Attentats in New York und wegen der Entwicklung in Israel und um Israels willen alles beiseitezuschieben, was Bundespräsident Johannes Rau in seiner Weihnachtsansprache 1999 und dann in seiner Rede vom Mai 2000 im Berliner Haus der Kulturen gesagt hat?

«Im kommenden Jahr können viele Menschen, die seit langem bei uns leben, die deutsche Staatsangehörigkeit erhalten. Helfen wir ihnen, dass sie sich in unserem Land wirklich heimisch fühlen. Es geht um Menschen, die seit vielen Jahren mit ihrer Arbeit und ihren Steuern und Sozialabgaben zu unserem Wohlstand beitragen. Und es geht um ihre Kinder, die bei uns geboren wurden und die bei uns aufgewachsen sind. Sie sollen nicht nur die gleichen Pflichten haben, sondern auch die gleichen Rechte ...

«Wer zu uns nach Deutschland kommt, der muss die demokratisch festgelegten Regeln akzeptieren ... Diese Regeln sind auf Integration angelegt und nicht auf Ausgrenzung ... Integration: Das bedeutet nicht Entwurzelung und gesichtslose Assimilation. Integration ist auch die Alternative zum beziehungslosen Nebeneinander unvereinbarer Kulturen. Am wichtigsten sind Kindergärten, Schulen und Hochschulen. Das sind die Orte, an denen sich entscheidet, ob Integration in unserem Land gelingt ...»

Ich darf hinzufügen: Das Aufeinanderzugehen bedeutet einerseits, dass sich die überwiegende Mehrzahl der Muslime in Deutschland vom internationalen Terrorismus klar distanziert, dass sie aber auch nicht ständig als potenzielle Terroristen betrachtet werden; es bedeutet andererseits, dass die jüdischen Deutschen mehr als Deutsche denn als Juden, als systematische Vertreter Israels auftreten. Ist das nicht der Preis für eine friedliche Entwicklung der deutschen Gesellschaft?

Ausblick: der Andere

Als ich 65 wurde, schenkten mir Kollegen und Doktoranden einen Sammelband, in dem jeder eine Facette des gleichen Themas behandelte. Das Buch hieß *L'Autre*, der Andere. Ich glaube, dass dieser Begriff der rote Faden des vorliegenden Buches ist, in etwa gemäß der Definition, die Kardinal Wojtyla, seinerzeit der zukünftige Johannes Paul II., in seinem Buch *Person und Tat* (1980) gegeben hat: «Der Begriff des Nächsten berücksichtigt alleine die Menschlichkeit des Menschen, die Menschlichkeit, die jedem anderen zukommt. Der Begriff des Nächsten schafft die breiteste Grundlage der Gemeinschaft, die weiter reicht als irgendeine Andersheit.» So steht es auch in Goethes *Wilhelm Meister*: Am Ende wird der Hauptfigur gesagt, sie sehe nun aus wie ein Mensch. In der *Zauberflöte* spricht der weise Sarastro von der Notwendigkeit, ein Mensch zu sein.

Natürlich ist es schwierig, wenn nicht unmöglich, nur ein Mensch zu sein. Auch sollte man seine verschiedenen Zugehörigkeiten gar nicht ablegen. Der Papst war nicht nur im weitesten Sinne Mensch. Er war auch ein sehr engagierter Katholik und Pole! Wäre ich Herr über die deutsche oder französische Lehrerschaft, so würde ich ihr also sagen: Orientiert euch in euren pädagogischen Bemühungen nur an einer Leitfrage, nämlich: «Wie kann ich befreien, ohne zu entwurzeln?»

Die erste Antwort ist: Indem ich den Anderen in seiner Menschenwürde respektiere. Das hat zur Konsequenz, dass ich ihm gegenüber zunächst – vor allem, wenn ihn keine persönliche Schuld trifft – kein Rachegefühl hege. Nochmals *Die Zauberflöte*: «In diesen heiligen Hallen kennt man die Rache nicht.» Im September 2006 besuchte ich die Stuttgarter Leonhardtkirche, um Mozarts Krönungsmesse zu hören. Ich schlug das Gebetbuch auf, das vor mir lag, und durch Zufall öffnete es sich an der Stelle, wo das *Gebet der Frauen des Konzentrationslagers Ravensbrück* abgedruckt ist. Es schien mir besonders schön wegen zwei Gedanken, die doch in allen meinen Kapiteln eine Rolle spielen:

«Friede den Menschen, die bösen Willens sind, und ein Ende aller Rache ...

In Erinnerung an unsere Feinde

Sollten wir nicht als Opfer weiterleben ...

Und dass wir, wenn alles vorbei sein wird,

Leben dürfen als Menschen unter Menschen.»

Die Betrachtung des Anderen sollte einen verleiten, ihm zu helfen, wenn er in Not ist – wer er auch sei. Israel feiert zu Recht die «Gerechten», das sind nicht-jüdische Menschen, die jüdischen Menschen geholfen haben. Sollte es dann aber nicht einen anderen Gedenkort geben zur Erinnerung an jüdische Menschen, die nicht-jüdischen Menschen zur Seite gestanden haben? Im Oktober 1990 fuhr der israelische Botschafter in Frankreich nach Le Chambon-sur-Lignon. Die kleine Stadt liegt in einer protestantischen Gegend, die sich seit dem 16. Jahrhundert in Widerstand gegen die Obrigkeit übt. Dort wurden Hunderte jüdische Kinder versteckt und erhielten auch Schulunterricht. Der Botschafter war da, um der Gemeinde die Medaille der Gerechten zu verleihen. Am Schluss seiner Dankrede sagte der Pastor:

«Eine solche Auszeichnung zu verleihen verpflichtet ebenso sehr, wie sie zu empfangen. Da Yad Vashem den Staat Israel vertritt und da dieser Ort heute dafür Dank erhält, dass er ehemals Kinder eingeschult, Häuser geöffnet, Menschen aufgenommen hat, auf die in ganz Europa und in ihrem eigenen Vaterland Jagd gemacht wurde, wünschen wir uns, dass der Aushändigung dieser Auszeichnung eine Art Verpflichtung entspreche, dass es keine geschlossenen Schulen für junge Palästinenser gebe, keine durch Dynamit zerstörten Häuser, keine Menschen, die vom Grund und Boden ihrer Vorfahren vertrieben und durch Siedler ersetzt werden und dass man eine andere Antwort auf Steinwürfe finde als Gewehrkugeln.»

Was ich am Ende meines Buches *Verbrechen und Erinnerung* zum Leiden der Anderen schrieb, hat Elie Wiesel sehr missfallen. Er hatte in seiner Dankrede für den Nobelpreis gesagt, dass er nach dem Krieg nicht verstanden habe, warum nicht die ganze Welt auf Auschwitz blicke. Ich antwortete in dem 1988 geschriebenen Buch – dem Jahr, in dem Saddam Hussein Tausende Kurden mit Giftgas tötete –, dass die kurdische Mutter, die ihr durch Gas getötetes Kind in den Armen hält, nicht den geringsten Grund habe, an Auschwitz zu denken, dass aber Überlebende von Auschwitz und ihre Nachfolger die moralische Pflicht hätten, an die kurdische Mutter zu denken.

In seiner Antrittsrede als Bundespräsident hat Johannes Rau hervorgehoben, dass im Grundgesetz von der Würde des Menschen, nicht des *deutschen* Menschen die Rede sei. Es war eine Anspielung auf das Schicksal der Asylanten und der Ausländer schlechthin. Es hob aber auch einen der Grundwerte des Westens hervor, die die Regierenden so gerne verkünden, und zwar allen Völkern und Staaten der Welt, in einer ganzen Reihe von feierlichen Texten. Leider trifft es sich, dass diese Werte unter anderem deshalb bei anderen Völkern nicht anerkannt werden, weil der Westen sie selber nicht gerade dauernd ernst nimmt.

Israel gehört dieser westlichen Welt an, und gerade deshalb ist die an sich richtige Frage der Israel-Verteidiger «Warum sprecht ihr nicht mehr vom Darfur, warum kümmert ihr euch nicht mehr um die Tibeter und die Tschetschenen?» schlicht irrelevant. Nicht, weil die Kritiker Israels zum Leiden in Afrika oder Asien schwiegen – was nicht der Fall ist –, sondern eben weil Israel zu unserem Westen gehört und weil somit jede Vertreibung, jeder Missbrauch der überlegenen Militärmacht, jede willkürliche Zerstörung, Ab- und Einsperrung, jede bewusste Demütigung unsere gemeinsame Moral verletzt.

Diese wird ohnehin oft genug mit den Füßen getreten. Allein Guantanamo mit den jahrelangen Einsperrungen ohne konkrete Anklage, ohne Anwälte und mit den Foltermethoden erschüttert unsere «westliche» Glaubwürdigkeit. Ich habe auch jahrzehntelang meinen Studenten erklärt, wie schwer die Lüge in den USA wiege. «An der Einreisekontrolle müsst Ihr eine Erklärung unterschreiben, dass Ihr die amerikanischen Verfassungsorgane nicht durch Gewalt umstürzen wollt. Solltet Ihr es doch versuchen, dann werdet Ihr dafür zehn Jahre Gefängnis bekommen, plus zwanzig Jahre für Eure Lüge!» Wegen einer sehr begrenzten Lüge ist Präsident Nixon gestürzt. Nun hat Präsident George W. Bush sich nicht geirrt, sondern hat wissentlich mit enormen Lügen sein Volk betrogen. Und doch wurde er wiedergewählt! Tony Blair, der dieselben Lügen benutzt hat, hat wenigstens Downing Street verlassen müssen. Wenn man dazu noch bedenkt, dass Bush als Gouverneur von Texas viel mehr Hinrichtungen erlaubt hat als in irgendeinem anderen Staat der USA, dann kann man nur erstaunt sein, wenn man erfährt, dass ihm Papst Benedikt XVI. im Juli 2008 dafür gedankt hat, ein «Verteidiger der moralischen Grundwerte» gewesen zu sein!

Frankreich steht gewiss nicht besser da. Unsere Gefängnisse werden vom Straßburger Gerichtshof für Menschenrechte regelmäßig als menschenverachtend und entwürdigend verurteilt. Die Jagd auf Ausländer ohne notwendige Papiere wird ebenfalls bar jeder Menschlichkeit getrieben. Wer hilft, macht sich sogar noch strafbar. Der ironisch betitelte Film *Welcome*, der diese Wirklichkeit darstellt, hat im Frühling 2009 viel Erfolg und wird vielleicht viele Gleichgültige aufrütteln. Die Gleichgültigkeit der sehr Reichen gegenüber den immer zahlreicheren Armen ist in Deutschland genau so schlimm wie in Frankreich. Solches einzusehen und anzuprangern, sollte Pflicht für jeden Bürger sein.

Wenn wir zu Hause versuchen, die Grundwerte zu verteidigen, so sollten wir es auch überall dort tun, wo man sich auf die gemeinsamen Werte beruft. Gerade Deutsche sollten das tun, auch Israel gegenüber. Da ja, wie es Bundespräsident Köhler vor der Knesset gesagt hat, jeder Deutscher sich verpflichtet fühlen sollte, die Menschenwürde wegen ihrer absoluten Verneinung durch die Hitler-Ideologie überall ernst zu nehmen. Und umso mehr er die Bürger Israels als die Seinen empfindet, umso mehr sollte er gerade gegen diese Seinen Stellung beziehen. Das setzt allerdings eine Haltung voraus, die Immanuel Kant ganz am Anfang von *Was ist Aufklärung?* als Wesenselement des aufgeklärten Geistes fordert, nämlich die innere Freiheit, die Distanz zu sich selbst, die einem erlaubt, ohne Beeinflussung zu denken.

Das Freundespaar Daniel Barenboim/Edward Said hat gezeigt, wie man im Namen des Friedens versuchen kann, die jeweils Seinen friedlich zu beeinflussen. Die beiden wirken allerdings schon dadurch, dass sie das Miteinander verkörpern. Im Sinne der beschriebenen Haltung engagiert sich auch der katholische Pater Emile Shufani, ein israelischer Araber in Galiläa, der die hebräische, die arabische, und die französische Sprache beherrscht. Seit Jahrzehnten arbeitet er für mehr gegenseitiges Verstehen, unter anderem, indem er einen Auschwitz-Besuch junger Palästinenser organisierte. Ein Teil seiner Familie wurde 1948 von israelischen Soldaten getötet. Dennoch hat er immer das Verzeihen gepredigt.

Auf Distanz gehen, das tut auch die Gattin des israelischen Ministers in dem schönen Film *Lemon Tree* des Israelis Eran Rildis von 2008. Die Zitronenbäume einer sonst mittellosen Palästinenserin sollen abgeschlagen werden, um die Sicherheit der Villa des Ministers zu verstärken. Dieser wird von seiner Frau verlassen, weil sie sich bewusst geworden ist, welche Demütigungen und welche Verarmung man den Besetzten auferlegt. Der Sinn einer schöpferischen Nachdenklichkeit, man findet ihn in der Rede, die David Grossmann im Dezember 2008 in München gehalten hat, als er den Geschwister-Scholl-Preis entgegennahm: «Schaut man sich heute die Israelis – und auch die Palästinenser – an, kann man sehen, wie die äußerliche Willkür der ‹Lage›, in der sie gefangen sind, bis in die allerinnersten Zellen beider Völker eindringt. Wie sie sich schon über Jahrzehnte in einem festgefahrenen Mechanismus von Schlag und Gegenschlag bewegen. Man kann sehen, wie wir alle – Israelis und Palästinenser – Geiseln einer Situation wurden, in der wir von Tag zu Tag weniger Handlungsfreiheit, Gedankenfreiheit und Willensfreiheit haben ... ‹Allen zum Trotz sich erhalten› ist eine Zeile Goethes, die der Vater von Hans Scholl diesem in seiner Kindheit oft verlas ... An einem Ort und in einer Zeit, in der Dutzende Millionen Menschen ‹wir› grölten, hat er ‹ich› gesagt.»

Es geht um Grundeinstellungen und um Versuche, sich gegen die Mehrheit zu stellen. Während Erika Steinbach sagte: «Die Rückkehr in die Heimat muss möglich sein ... Zum Recht auf Heimat gehört auch, dem Flüchtling das eigene Eigentum zurückzugeben», lud der Historiker Rudolf von Thadden und Trieglaff Trieglaffer, die in der ganzen Welt verstreut wurden, in seinen Heimatort im ehemaligen Pommern ein. Sie brachten dort an der Kirche eine Tafel an, auf der zu lesen ist: «Zum Erinnern an viele Generationen deutscher Trieglaffer, die hier lebten und glücklich waren und mit guten Wünschen für das Wohlergehen der polnischen Trieglaffer, die heute hier ihre Heimat haben.» Das sind eben zwei entgegengesetzte Grundeinstellungen.

Sich gegen die Mehrheit stellen, das werden nun die Träger des «Projekts Saladin» versuchen, das am 28. März 2009 im Pariser UNESCO-Gebäude vorgestellt wurde. Die *Fondation pour la mémoire de la Shoah* (Stiftung für die Erinnerung an die Shoah) hat mehr als 200 Persönlichkeiten aus der islamischen Welt gefunden, um Übersetzungen von Büchern über die Shoah ins Persische, Arabische und Türkische zu fördern und zu verbreiten, angefangen mit *Ist das ein Mensch?* von Primo Levi und dem Tagebuch von Anne Frank. Dem Kuratorium des Projekts gehört Tareq Ubru an, Präsident des Vereins der Imame Frankreichs. Kontakte bestehen bereits mit den Nationalbibliotheken von Marokko und Ägypten.

In wessen Namen soll nun eine solche Einstellung gerechtfertigt sein? Auf der heutigen christlichen Seite, mit einem nicht mehr zürnenden, strafenden, sondern leidender Mensch gewordenen Gott, ist die Antwort nicht allzu schwierig. Nicht umsonst feiern die Katholiken ein Paulus-Jahr, würdigen also den Prediger des Universalismus. Die universalistischen Züge des jüdischen Glaubens werden leider noch nicht oft genug hervorgehoben. Mein Atheismus findet seinerseits immer noch keine Antwort bei den christlichen und jüdischen Gläubigen, insbesondere in Bezug auf die Shoah, auf die allzu ironische Fragestellung: «Entweder Gott will das Übel verhindern und kann es nicht, oder er kann es und will es nicht, oder er will es nicht und kann es nicht, oder er will es und er kann es. Wenn er es will und nicht kann, dann ist er machtlos. Wenn er es kann und nicht will, dann ist er pervers. Wenn er es nicht kann und nicht will, dann ist er machtlos und pervers. Wenn er es kann und es will, warum tut er es nicht?» Meine Quelle ist eben die Anerkennung des anderen Menschen und die warme Vernunft, mit der man seiner und dessen Lage entgegentreten sollte. Und die Freude, die dies erzeugen mag.

Es ist vermessen, mit einem Selbstzitat enden zu wollen. Ich tue es trotzdem. Am 1. Januar 2003 stand ich auf der Bühne des Aachener Theaters inmitten des Orchesters, das gerade das Adagio von Beethovens 9. Symphonie gespielt hatte, um vor der Ode an die Freude einen «Zwischenruf» zu sprechen. Ich sollte sagen, was Brudersein und Freude heute bedeuten können. Ich sagte: «In der heutigen Welt ist der Freund oder Bruder im Allgemeinen nur der, der dieselbe Zugehörigkeit hat wie man selbst. In Nordirland lernen katholische Kinder Protestanten hassen und umgekehrt protestantische Kinder Katholiken hassen … Wie es in Jerusalem, wie es woanders aussieht, wissen Sie, und die Gefahr bei uns und überall ist, dass die Freundschaft nur das ist, was man mit demjenigen pflegt, der brüderlich derselben Gruppe angehört. Mir kommt eine jüdische Geschichte in den Sinn. Ein Rabbiner wird gefragt: ‹Wie ist es möglich, dass der Storch auf Hebräisch Hassida, der Zärtliche, heißt, weil er die Seinen liebt, und dennoch zu den unreinen Tieren gehört?› Der Rabbi antwortet: ‹Das ist doch einfach: Weil er nur die Seinen liebt!› …

Die Freude ist da, um zu helfen, wenn man dabei ist, und ich denke an den letzten Brief, den Hans Scholl kurz vor seiner Verhaftung, Verurteilung, Hinrichtung an einen seiner Freunde geschrieben hat.: ‹Ich kann nicht abseits stehen, weil es abseits kein Glück gibt.› Man muss sich fragen, was es heute heißt, Freude zu empfinden. Wer hat Freude? Diejenigen, die mitwirken für Andere, empfinden mehr Freude als die, die sagen: Nichts lohnt sich, alles ist gleichgültig, es gibt keine Werte.»

Seit 2003 hat sich meine Grundeinstellung, meine Grundauffassung nicht verändert. Nur dass der Einsatz immer weniger dem deutsch-französischen Bereich gilt und immer mehr der Tragik Israels und der Palästinenser, verbunden mit der Versuchung, mit dem Versuch, in Deutschland – und sei es nur einen geringen – Einfluss auszuüben, um eben dem etwaigen Fortschritt der warmen Vernunft beizustehen in der Betrachtung, in der Behandlung dieser Tragödie.

Paris, den 1. April 2009